敏捷式供应
全流程快速响应

黄日星　徐回生　廖为富　著

中国科学技术出版社
·北　京·

图书在版编目（CIP）数据

敏捷式供应：全流程快速响应 / 黄日星，徐回生，廖为富著. —— 北京：中国科学技术出版社，2020.12

ISBN 978-7-5046-8928-3

Ⅰ.①敏… Ⅱ.①黄… ②徐… ③廖… Ⅲ.①企业管理 – 供应链管理 – 研究 ②精益生产 – 生产管理 – 研究Ⅳ.① F274 ② F273

中国版本图书馆 CIP 数据核字（2020）第 253539 号

策划编辑	杜凡如	
责任编辑	杜凡如	
封面设计	马筱琨	
版式设计	锋尚设计	
责任校对	吕传新	
责任印制	李晓霖	

出　　版	中国科学技术出版社	
发　　行	中国科学技术出版社有限公司发行部	
地　　址	北京市海淀区中关村南大街 16 号	
邮　　编	100081	
发行电话	010-62173865	
传　　真	010-62173081	
网　　址	http://www.cspbooks.com.cn	

开　　本	880mm×1230mm　1/32	
字　　数	150 千字	
印　　张	7	
版　　次	2020 年 12 月第 1 版	
印　　次	2020 年 12 月第 1 次印刷	
印　　刷	北京盛通印刷股份有限公司	
书　　号	ISBN 978-7-5046-8928-3/F·911	
定　　价	59.00 元	

缔造企业组织力

中国企业在取得长足发展的同时也迎来了新的挑战期。除了商业模式的创新，企业还要重视技术、产品、服务和市场方面的创新。然而，最重要的基础课题是提高核心业务流程的有效性，在这方面，中国企业需要进一步钻研。

这对企业运用工业工程、价值工程、统计技术和信息技术，作为组织实现损失最小化和效率最大化的能力提出了要求。

技术和制造是营销的一部分，市场营销是从产品—服务的开发到销售的全过程，也就是经营本身。经营的本质是提高企业的流动性。

建立营销—研发—生产一体化的产品开发机制，实现客户轴、产品轴和供应链轴三轴联动是很重要的。

营销必须标准化，营销务必标准化。东京大学藤本隆宏教授说："通过强化内在竞争力，实现强大的外在竞争力，从而在价格竞争市场中创造非价格竞争力。"我认为这不是理论观点，而是具体的经营手法。

零牌顾问机构基于缔造企业组织力的需要，推出面向企业家、职业经理人和新时代员工的"零牌管理书系"，我借此机会向大家推荐这一系列书籍。

木元哲

松下（中国）前总裁

敏捷，
新时代企业生存的基本功

祖 林
零牌顾问机构董事长兼技术导师

　　"敏捷"诞生于软件开发行业，并在此取得长足发展。主要以用户的需求为核心，采用迭代、循序渐进的方法进行软件开发。它的基本运行方式是：快速响应变化、执行过程中频繁地失败、不断试错、得到反馈后持续校正。在今天复杂多变的市场环境中，这种快速响应客户多样化、个性化需求的能力，能够帮助企业取得差异化竞争优势，以服务水平取胜。

　　"敏捷"越来越成为新时代企业的基本生存能力。不能在新环境中快速调整自己的打法的企业，马上就会被淘汰。如今所有企业都面临着生死大考验，对市场变化的反应速度和效果，就是组织免疫力的评价。介绍两个身边的例子，他们不是海尔，不是慕思，不是格力，而是我们身边的普普通通的企业。

第一个案例是中和休闲，这是一个卖场服装品牌，它的广州设计研发中心叫载歌服饰，公司总部在连云港，全国有200多家门店，制造基地在连云港赣榆区，他们的营销中心、技术中心和采购中心都在中山大学西门附近。

第二个案例是拉多美集团。该集团主要生产并销售复合肥，总部在广州南沙区，市场遍布全国，两个制造基地分别在广州的南沙区和河南商丘市的宁陵县。

这两家公司都是纯做线下传统业务的企业，他们相同的地方就是非常敏锐，善于积极思考并快速行动，显示了非常高的组织免疫力，他们都是零牌顾问机构的长期咨询客户。

先说第一个案例，中和休闲创立于1998年，全国有180多家终端直营店，他们虽然有京东店、淘宝店，但是做得并不好，勉强维持盈亏平衡。

2020年年初，所有的线下门店都处于停业状态，怎么办？经过短暂的讨论和准备之后，180多家终端直营店全面开启了线上营销。

注意，这个线上营销不是在网店销售，现在说的线上营销是指所有门店、全体员工行动起来盘活会员，激活回头客和固定客，同时引流新客人。

他们除了跟老客户点对点互动外，还做社群营销，把客人拉到微信群里来。最重要的，是他们在新合作直播平台开了自己的直播间，2020年2月23日，在中和休闲生活广场二楼专卖店，员工们在做线上秒杀专场促销活动。他们的优惠是"买一赠一，全国免费包邮"。

　　我跟汪谏奕总经理是在2009年认识的，2014年开始他请我做战略顾问一直到现在，2020年2月我建议他赶紧让团队行动起来，纯线下业务的企业一定要到线上去，每个企业都要开自己的直播间，他们的行动力真的很棒。

　　中和休闲是做全直营的，没有一家加盟店，是纯线下的业务，大家知道这是重资产，一旦现金流出现问题是非常危险的。开展线上业务后用了一周的时间，线上销售就恢复到正常时期线下收入的80%~90%，一下子就化解了企业的生存危机。一切恢复正常之后，各个门店线上线下一体化服务，这会是什么样的销售效率呢？

　　最重要的是，虽然现在线下门店陆续开业，线上销售已成为每一个门店的常态，线上线下一体化的门店运营模式已经形成。所以汪谏奕总经理感叹："这次我们把过去一直嘴巴上说，但是没有做到的新零售做起来了！"

　　180多家终端直营店都有自己的直播间、自己的社群、自己的主播和不断扩大的粉丝群。我相信各门店的店面人效和坪效一定会提高。实际上中和休闲由此建立了激活、吸纳会员的线上营销能力。

　　刚才介绍的中和休闲生活广场二楼专卖店于2020年2月23日举行的那场秒杀活动直播间流量达到2.8万人次，而3月14日的秒杀活动在开播前的3月13日早上7点58分，已经有6500人次到场关注。

线上销售极大地增加了门店流量，是实体店销售的云店面，大幅度提高了门店人员的时间利用率，带来的收入是实体店销售的半壁江山，极大地提高了店面人效和坪效。

除此之外，载歌服饰还开设了中和休闲微商城，也就是总部的线上销售平台，使线上销售系统化、模式化。

2020年2月24日，我跟载歌服饰的总经理汪谏奕通了电话，他说："整个团队闭关一个月了，线上新零售已经进行了一周，现在各个门店的销售收入恢复到了之前正常时期的80%～90%。这个效果令我很意外。"

真是天不救人人自救，只要自救就能活下去啊。

第二个案例是拉多美集团，2020年2月11—20日，拉多美集团的领导层敏锐地洞察到变革的契机，立即启动了为期10天的"农资企业优势营销"线上培训，全国各地180多位营销人员每天线上学习，由零牌顾问机构的顾问团队给大家连续上课，带领大家进行专题讨论、课前预习、课后复习，我们把线上线下融合（OMO）的思维融入教学内容当中，引导所有营销人员通过线上跟经销商、零售商和农户直接互动，及时获取客户需求信息，快速提供相应的服务。

其实拉多美集团平时的培训做得也不是特别好，员工学习热情也不算高，这次系列线上培训反倒一下子把整个团队激活了。

就在这次线上练兵活动进行到第四天的时候，拉多美的董事长王晓春跟我通了44分钟的电话，正式向零牌顾问机构提出了构建云营销系统的辅导需求。

我们立即启动项目策划、编制项目方案，2020年3月10日，拉多美集团"云营销V1.0"顾问项目正式启动，这家开展纯线下业务的传统公司开始向线上线下融合的新模式快速转型，拉多美集团迈开了向线上线下融合转型的战略步伐，加速开发云端能力，为广大客户提供线上线下一体化的综合服务。

化肥企业为什么想到要打造云营销系统呢？

拉多美集团的老板王晓春说新营销其实是他一直想做的事情，这两三年都是有想法、没行动，在目前的环境下，公司见不到经销商、零售商，更见不到农户，但是春耕准备必须开始，化肥企业抢市场靠的是速度，现在必须立即建立线上销售平台。连续10天的培训全部是在线上开展、异地互动，云课程的实际效果让王总喜出望外，公司几个领导人一商量，决定乘胜追击，立即启动顾问项目，由零牌辅导他们建立"云营销V1.0"系统。

目前，我们正在"一高一低"启动第一阶段工作：一高是指空中、云端，用一张地图把全国经销商、零售商和大耕户的分布状况看清楚；一低就是指地面，紧急开发农户可以用于下单的应用程序，让见不上面的农户可以在小软件上直接下单，由当地零售商、门店快速送货；之后再将天地打通，构建实时的、可视化的云营销系统。

从这两个我们亲身经历的案例中，我总结出当前所有企业都必须回答的三个问题：

1. 公司建立了持续关注市场环境变化的机制吗？

2. 公司有随时调整企业经营战略假设的能力吗？

3. 公司能否快速满足多样化、个性化的客户需求？

这些企业经营必须思考的现实问题，本书将放在工业4.0的时代背景下进行探讨，期待我们的分享能够为提高中国企业的敏捷能力建设提供有价值的借鉴。

VUCA时代，市场需求变得多样化、个性化，并且要求企业快速响应、快速交付，敏捷式供应成为必须要走的路。但是，我们接触的大多数企业，对敏捷式供应或者敏捷供应链还非常陌生。在市场需求的驱动下，虽然有些企业做了一些敏捷转型的尝试，但缺乏系统性的规划，也缺少可落地的参考实用工具，导致无法真正实现转型。

本书从市场需求管理、生产计划、敏捷制造、精益生产、供应商管理及信息化建设等方面，全过程、全方位地分享敏捷式供应的理念和要求，同时辅以大量可实施的模型化参考管理工具和零牌顾问机构咨询案例，帮助企业快速掌握最新的理论要点和实施工具。

我们在概论中论述VUCA时代的产业竞争特点，提出敏捷转型打造供应链竞争力的观点，其目的是使企业可以瞬时响应多样化的客户需求，并且把成本控制在合理范围之内。另外，我们强调精益仍是敏捷供应链的基本理念，传统精益生产理论与一体化供应链观念虽然有一定的局限性，但至今仍是企业管理的重要工具。如果脱离了精益和供应链理念去谈模式创新，那就是哗众取宠、不切实际。另外，我们提出通过信息化手段实现经营可视化，从而拉动供应链流程的再造和组织变革，这是敏捷供应链的必走之路。

第一章我们主要分享如何打通市场，敏锐洞察需求。在VUCA时代，消费特点发生了很大变化，消费者偏好趋向于多样化、个性化，并且变化非常快，过时产品降价也卖不出去。所以，企业一定要通过实时销售管理（POS）掌握最前端市场信息。同时，企业应强化客户关系管理（CRM），充分利用客户这个最宝贵的供应链资源。例如，按照消费动向开发产品，避免设计和生产的东西不是市场需要的东西。另外，我们还分享了如何通过S-P-I可视化精准预测销售需求，从而有效地规划生产和减少库存。

第二章的主要内容是如何建立瞬时响应的敏捷系统，即能快速把客户需求转化为供应链可执行的指令，并且实时跟踪执行进度，最终实现敏捷供应的系统。这里说的"系统"不只是信息技术系统，还包括整个订单执行流程，涉及订单管理、生产计划、物料计划、进度控制等。我们论述了推式生产与拉式生产的区别，提出订单驱动是敏捷式供应的原动力。同时指出，想要实现订单驱动的计划模式，先要实现安定化生产，并且要有全链信息可视化的信息系统支持。企业最终要打造全过程的强力信息化系统，实现即时承诺交期、即时报价，并且对制造过程实现可视化，保证敏捷式供应。

我们在第三章分享了敏捷制造、快速交付的管理经验和技术工具。其中包括缩短与客户的距离，极限压缩交付周期；建立动态组织机构，实现柔性管理；推进智能制造，持续改善快速换型，实现柔性生产；运用约束理论（TOC）改善生产瓶颈，提高整体供应效率；打造常态化"法拉利通道"，实现极速交付等。

第四章我们分享了如何运行精益生产工具，夯实敏捷制造的基础。其中，精益流程技术与准时制生产（JIT）模式是实现敏捷制造的重要工具。另外，为了打造成本竞争力，需要进行全链优化，不断进行精益改善，消除浪费，同时加快流动，削减在库，持续降低成本。

第五章主要介绍如何与供应商、经销商形成战略联盟，打造供应链竞争力。我们提出，敏捷式供应要求企业突破边界，重新定位企业关系，把供应链当成一个整体来规划和管理。所以，我们要开发战略合作伙伴，与巨人为伍，共同打造敏捷供应链。同时，我们分享了供应商评价与激励机制、与供应商共赢的价值工程（VE）项目推进机制等实用管理工具，帮助企业做好供应链管理。

本书在创作过程中得到零牌顾问机构多位咨询顾问的专业支持，他们的智慧和经验使得本书的观点更加有力和丰满。另外，本书也引用了零牌顾问机构所服务的大量客户案例，在此感谢各项目客户的信任和支持。希望这些成功案例能够启发其他企业，帮助它们提高供应链竞争力。当然，本书在引用案例过程中对数据和细节做了处理，不会造成商业信息泄露。

目录

绪　论 ———————————————————————————— / 001

VUCA 时代，
敏捷转型打造
供应链竞争力

一、VUCA 时代的产业竞争特点 / 002

二、传统精益生产理论与一体化供应链观念 / 004

三、敏捷转型：瞬时响应多样化客户需求 / 012

四、精益仍是敏捷供应链的基本理念 / 016

五、经营可视化：
拉动供应链流程再造和组织变革 / 019

第一章 ———————————————————————————— / 023

打通市场，
敏锐洞察需求

一、过期产品降价也卖不出去 / 024

二、实时销售管理（POS）：掌握最前端市场信息 / 029

三、客户关系管理（CRM）：
客户是最宝贵的供应链资源 / 039

四、面向市场和客户进行营销创新 / 046

五、S-P-I 可视化：精准预测，有效规划 / 052

第二章 ———————————————————————————— / 063

订单驱动，
敏捷响应客户

一、建立瞬时响应的敏捷系统 / 064

二、从推式生产到拉式生产 / 068

三、信息共享：全链信息可视化 / 075

四、安定化：精准计划的前提 / 079

五、最强大脑：即时承诺交期、即时报价 / 085

六、执行管理：制造过程可视化 / 096

第三章 ———————————————————————— / 105

敏捷制造，
快速交付

一、缩短距离，极限压缩交付周期 / 106

二、柔性管理：动态组织机构 / 113

三、柔性生产：智能制造与快速换型 / 119

四、约束理论（TOC）与瓶颈改善 / 125

五、打造常态化"法拉利通道" / 132

第四章 ———————————————————————— / 137

精益生产，
夯实敏捷
制造基础

一、精益流程技术与准时制生产（JIT）方式 / 138

二、全链优化，降低成本 / 148

三、加快流动，削减在库 / 158

四、精益改善，消除浪费 / 167

第五章 ———————————————————————— / 175

战略联盟，
建设敏捷
供应链

一、突破边界：重新定位企业关系 / 176

二、寻找战略合作伙伴开发 / 183

三、供应商评价与激励 / 190

四、与供应商共赢的价值工程（VE）项目推进 / 198

后记 / 209

VUCA 时代，
敏捷转型打造供应链竞争力

VUCA时代的产业竞争特点

宝洁公司前首席执行官罗伯特·麦克唐纳（Robert McDonald）曾借用一个军事术语来描述现今新的商业世界格局："这是一个 VUCA 的世界。"VUCA指的是不稳定（volatile）、不确定（uncertain）、复杂（complex）、模糊（ambiguous）。

在VUCA时代企业面临诸多新的挑战，而这些挑战已经变得越来越常态化。对企业来说，唯一能做的就是拥抱变化，充分意识到这既是"危"，也是"机"（图1）。首先，最显著的变化是产业竞争态势空前激烈，产品同质化严重，同一种产品在市场上有无数对手。依靠少数几种产品大批量生产就能长期盈利的时代已经一去不复返。如今，产品更新迭代非常快，产品的生命周期很短，企业如果跟不上市场形势，马上就会被市场无情地淘汰。今年的爆款产品，明年可能就无人问津。而且，企业生产的产品还可能面临跨界打击，替代品的兴起甚至会让原来产品的整个行业遭遇"团灭"。例如"短信之死"，当初三大运营商在短信领域争得你死我活，现如今却都被微信打败了，如今还有多少人在用短信呢？

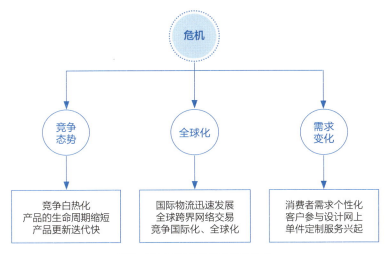

图1　VUCA时代的产业竞争特点

　　另外，国际化、全球化在打开市场的同时，也加剧了市场竞争，企业需要在全球范围内进行竞争。国际物流和全球跨界网络交易的迅速发展，让国内企业接触到前所未有的广阔市场，同时也使企业处于前所未有的竞争环境。我们不单在国内市场跟国内外的企业进行正面交锋，还要在国际市场跟全球的竞争对手一比高下。

　　需求端的变化同样巨大，消费者的个性化需求越来越成为新趋势，各行各业都推出了不同程度的个性化定制服务。消费者参与设计的意愿和热情也越来越明显，比如全屋定制化家居。服务行业更是兴起了网上单件定制服务，哪怕消费者只购买一件，他们也能低成本地满足消费者需求。另外，直播带货等新渠道会让某个产品一夜爆红。供应链该如何去匹配这种变化多端的市场需求呢？

传统精益生产理论
与一体化供应链观念

　　传统精益生产理论的基本假设是：消费者偏好价格和制造质量。同时，为了最大可能地为企业创造利润以及实现企业价值增长，精益生产理论也致力于缩短产品交付周期，加快现金流动。精益生产最重要的关键词是"消除浪费"，"消除浪费"几乎就是"精益"的同义词。丰田生产方式（TPS）创始人大野耐一说："我们所做的就是研究客户给我们下订单的那一刻到我们收到货款的整个时间段，通过消除无价值的浪费来缩短这一时间段。"

　　但是，传统的精益生产理论主要研究企业内部改善，对于外部供应链的研究较少。20世纪90年代初期，继日本丰田的准时制生产（Just In Time，缩写为JIT）模式之后，在美国兴起了一种全新的管理模式——供应链管理。供应链是一条从供应商到制造商再到最终顾客的贯穿所有企业的"链"，它包括满足顾客需求所直接或间接涉及的所有环节。不过，传统供应链管理虽然也强调对资源的充分利用和挖掘，但更多的还是把供需双方看成是博弈关系，而客户仅是服务对象。

不可否认的是，传统精益生产理论与一体化供应链观念至今仍是企业管理的重要工具。如果脱离了精益和供应链理念去谈模式创新，那就是哗众取宠、不切实际。下面我们来简单介绍一下精益生产和供应链管理的基本理念。

1 精益生产的基本思想

前面已经提过，精益生产的基本思想是"杜绝浪费"。从客户价值的角度看，客户愿意付款的活动才是有价值的，只有在正确的地点、正确的时间提供的方案才是正确的解决方案。因此，不增值的活动就是浪费。

现有能力=工作+浪费（无效劳动）

作业=有效劳动+无效劳动（浪费）

精益生产理论认为，提高效率只有与降低成本结合起来才有意义，企业必须朝着以最少的人员仅仅生产客户所需要的数量和所需要的产品这一方向努力。局部的效率提升不但无助于降低成本，反而可能造成生产过剩，产生不必要的库存。所以，推行精益生产时，要以生产线为中心，从整个工厂着眼提高整体效率。

《精益思想》一书，针对精益思想的实施总结出五个基本原则，这些原则是：

（1）正确地确定价值　正确地确定价值就是企业以顾客的观点来确定从设计到生产再到配送的全部过程，实现顾客需求的最大满足。并且企业还要将供应链全过程的多余消耗减至最少，不将额外的成本转嫁给顾客。

（2）识别价值流　价值流是指从原材料转变为成品，并给它赋予价值的全部活动。这些活动包括从概念，到设计，到生产的技术过程；从订单处理，到计划，到配送的信息过程；从原材料，到半成品，到产成品的物质转换过程；产品全生命周期的支持和服务过程。精益思想识别价值流的含义是在价值流中找出哪些是真正增值的活动，哪些是可以立即去掉的不增值活动。精益思想将供应链中消耗了资源而不增值的活动称为浪费。简言之，识别价值流就是发现浪费和消灭浪费。

（3）价值流动　精益思想要求创造价值的各个活动（步骤）流动起来，强调的是不间断地"流动"。"价值流"本身的含义就是"动"的，但是由于根深蒂固的传统观念和做法，如部门的分工、大批量生产等，阻断了本应流动起来的价值流。精益思想则将所有的停滞作为供应链的浪费，是用持续改进、及时制等方法在任何批量条件下创造价值的连续流动。

（4）需求拉动　"需求拉动"就是按顾客的需求投入和产出，使顾客在他们要求的时间内得到需要的东西。实行需求拉动以后，顾客或者供应链下游企业就会像在超市的货架上选取他们所需要的东西一样，而不是企业把顾客并不想要的产品强行推给顾客。在需求拉动原则中，供应和需求直接对应，这样可消除过早、过量的投入，减少大量的库存和现场在制品，极大地压缩前置周期。其深远的意义在于企业具备了当顾客一旦需要某种产品，就能立即进行设计、计划、制造和配送给顾客真正需要的产品的能力，最后是抛开预测，直接按照顾客的实际需求进行生产和物流管理。

（5）尽善尽美 上述四个原则相互作用的结果必然是价值流动速度显著加快，这样就必须不断地用价值流分析方法找出更隐藏的浪费，做进一步的改进，这样的良性循环成为趋于尽善尽美的过程。虽然在现实中"尽善尽美"是永远达不到的，但通过持续地对尽善尽美的追求，将会造就一个永远充满活力、不断进步的企业。

2 精益生产的目标

制造企业的利润是通过降低成本获得的。现代企业追求效率，就是为了达到企业运营的根本目的——降低成本。所以，如前所述，提高效率只有与降低成本结合起来才有意义。那么，怎样才能降低成本呢？答案只有六个字："增加流程效率"。

我们通过准时制交货、缩短交货周期、提高应变弹性等手段，不断提高流程效率，消除所有无价值的浪费，从而达到降低成本的目的，如图2所示。

那么，企业中存在哪些浪费呢？伴随企业运营中各业务环节不被察觉或不被重视的浪费，日本企业管理界将之形象地比喻为"地下工厂"。工厂常见的八大浪费包括等待浪费、搬运浪费、不

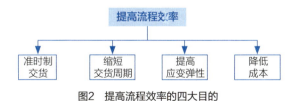

图2　提高流程效率的四大目的

良浪费、动作浪费、加工浪费、库存浪费、制造过多（过早）浪费和缺货损失，如图3所示。

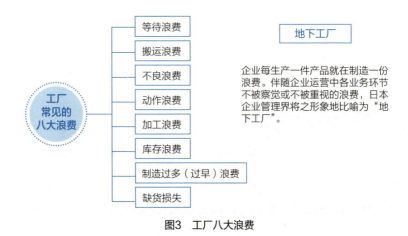

图3　工厂八大浪费

精益生产就是要不断消除八大浪费，同时追求七个"零"目标，即零切换浪费、零库存、零浪费、零不良、零故障、零停滞和零事故。

3　精益生产的基本法则

精益生产的基本法则包括均衡化、准时化和自动化。

均衡化生产也叫作均匀化生产，它是精益生产的基础，其要求是生产要平稳、有序。供应链的生产系统其实是一套非常精细而复杂的系统，最怕的就是干扰，一旦由于内部原因或外部原因干扰，生产系统就容易造成紊乱。生产系统一旦紊乱，企业必然要付出失败成本，而且调整回来不容易，必须付出很大的代价。

可是，外部市场千变万化，精益生产是如何做到均衡化生产的呢？奥妙就在于混流生产。通过混流生产，可以屏蔽掉外部的巨大变化对内部的干扰，使其对生产系统的影响降低到可以接受的程度。

实现准时化生产有三大工具：一是单件流动，二是节拍时间，三是拉式生产。所谓单件流动，就是通过流线化生产实现工件一件接着一件快速流动，杜绝一批产品在某工序生产以后才流动到下一个工序，消除中间库存和等待时间，缩短生产周期。什么是节拍时间呢？实施工序标准化作业，平均每一个标准作业所需要的时间称为节拍时间。拉式生产是用市场需求拉动企业生产，用完成品生产拉动部件和零件生产，进而拉动供应商生产。

自动化有两层意思：一是传统意义上的自动化，二是自动防错。传统意义上的自动化是指利用工装、夹具、装备、设施、软件、程序等来取代人工作业，或者是辅助人工作业。海尔从德国引进的自动化生产线，富士康用机器人减少一线用工等，这些都是自动化的例子。自动化的第二层意思就是自动防错。自动防错是精益生产的重要思想之一，自动防错技术是实现精益生产的重要技术手段。自动防错的思想最早出现在丰田佐吉发明的织布机中，为了防止断纱造成的次品损失，丰田佐吉发明了一旦断纱立即停机报警的防错装置，这一发明使防错思想和防错技术得到运用。

4 从纵向一体化到横向一体化

随着企业发展规模壮大，有些企业为了更好地控制供应链的稳定性、成本和协作效率，采取了纵向一体化的策略，即兼并原来的供应商或自营、经销商。但是，这种小而全、大而全的管理模式，只考虑本企业内部资源的最优利用，并未跨越企业边界，在产业竞争环境中考虑是否具有最大优势。

后来，很多企业意识到这个问题，在激烈的市场竞争中，一体化企业中多个子公司并无足够的市场竞争力，全依赖核心公司养活，反而拖累了企业整体的健康发展。于是，这些企业开始重组减负，剥离非核心产业，转而整合企业外部资源快速响应市场，本企业专注于核心能力——产品方向和市场。这种横向一体化的模式同样会重视上下游供应商的管理，但不再采取兼并的方式来运营，只通过商业联盟、战略合作、外包等非股权手段来控制。

不过，纵向一体化和横向一体化是可以相互转化的，纵向一体化的企业会向横向一体化转变，横向一体化发展到一定程度的企业也可能会实施纵向一体化。这主要取决于供应链的特点以及现状。一般来说，如果上下游的企业越来越成为制约企业发展的瓶颈，或者有重大风险，企业会考虑实施纵向一体化。例如，汽车公司一般会自建发动机厂，葡萄酒商大多拥有自己的庄园。另外，如果上下游利润率较高，而企业又具备一体化的实力，同样会选择实施纵向一体化。所以，横向一体化与纵向一体化本身没有绝对的好坏之分，只是单纯追求大而全的纵向一体化的时代已经过去，更加灵活、高效的横向一体化越来越成为趋势。

5 建设一体化供应链

供应链是为满足顾客需求而组成的，是指从供应商的供应商、供应商，到制造企业、销售公司，再到经销商、顾客、顾客的顾客等整条产业链，如图4所示。供应链对顾客要求做出反应，按顾客提出的数量和时间要求提供适当的商品和服务。它由贯穿整条链的物流、信息流、资金流组成。

图4 供应链模型

供应链管理关注的是整体效率最大化，即及时正确的数字化信息流、连续的物流以及各方满意的资金流。它追求全供应链的产品实现成本最低化，而不仅仅是单个企业成本最优。事实上，只有全链成本最优，单个企业的效益才能最大化，因为任意一个环节的成本浪费，都会以交易价格、质量损失、缺货损失等方式转嫁给其他企业。对于库存的管理，同样也要实现全供应链式的考虑，既能满足客户需求又能降低供应链成本，所以要求全链库存可视化，这样才能避免重复设置。

但是，想要实现库存可视化，前提条件是实现供应链信息共享，这就要求供应链上各企业既要有信息共享的意愿，又要有实现信息共享的技术手段。所以，供应链管理的一大课题是研究如何塑造新型的合作关系，将供应链作为一个整体来经营，使供应链企业成为战略合作关系。

敏捷转型：
瞬时响应多样化客户需求

精益生产和供应链理念是现代企业运营的基础，但在VUCA时代充满不确定性、持续变化的环境中，企业还需要进行敏捷转型，如此才能实现瞬时响应多样化、个性化的客户需求。

敏捷性是美国学者于20世纪90年代初提出的一种新型战略思想，当时提出这种战略思想主要是针对制造技术领域，目的是提高制造系统对外部环境变化的应变能力。后来，有学者将敏捷化思想运用于整条供应链管理，其实质是在优化整合企业内外资源的思想上，更多地强调供应链在响应多样化客户需求方面的速度目标。这就是敏捷供应链（Agile Supply Chain，缩写为ASC），它更强调一体化的动态联盟、协同动作的价值链、四个流有序化、组成统一无缝的功能网络和具有强大竞争力的战略联盟。

具体来说，就是为了在特定市场获得价值最大化而形成的基于一体化的动态联盟和协同运作的供应链，以核心企业为中心，通过对信息流、工作流、物流和资金流的有序化，将供应商、制造商、分销商、零售商和最终消费者整合到一个统一的、无缝化程度较高的功能网络链条，最终形成一个极具竞争力的战略联盟。

1 敏捷供应链最核心的追求：快

传统精益理论的核心追求是低成本、高效率，它的前提假设是消费者偏好价格和制造质量，把降低成本作为首要目标，强调消除浪费，以最少的投入创造最多的产出。一体化供应链管理没有摆脱传统企业管理思想的束缚，质量和价格依然是其主要战略目标。但是，多样化、个性化、响应快的消费需求越来越成为趋势，质量和价格不再是唯一的偏好，甚至已经不是首选偏好。敏捷供应链观念则顺应时代潮流，将战略目标定位于对多样化客户需求的瞬时响应，把提高服务水平视为重中之重。

传统精益理论也强调快速响应顾客需求、快速交付，但其主要手段是消除内部各环节的浪费，尽最大可能缩短交付周期。另外，由于传统精益理论是基于需求相对稳定的大批量生产模式而产生的，它可以通过设立合理的安全库存来达到快速交付的服务水平。所以，安全库存的合理设置成了权衡成本与服务水平的重要课题，其核心理论仍是总成本最低化，即库存成本与短缺成本之和的最低化。

但是，在需求极不稳定的情况下，此类型的供应链就很难"精益"了，因为从本质上看，此类型的供应链仍然是一种预测型的供应链管理模式。VUCA的消费特点是让安全库存模式变得无法奏效，因为你无法提前确切知道消费者想要什么。唯一的办法就是建立一条快速响应的敏捷供应链。企业需要在敏捷制造技术、信息技术及并行工程技术（CE）的支持下，成功地实现客户需要什么就生产什么的订单驱动生产组织方式。

② 突破企业边界，建立战略虚拟组织

传统供应链也会把管理触角延伸到上下游企业，但其强调的还是对企业内部资源的充分利用和挖掘，对外部资源更多的只是选择和谈判，很少会产生实质性的影响。或者说，在传统供应链里，供需双方只是博弈关系，而客户仅仅是服务对象，供应链管理实际上并没有超越企业边界。

敏捷供应链则是从扩大的生产概念出发，将企业的生产活动进行前伸和后延，把上游的供应商和下游的客户纳入企业的战略规划之中，实现对企业内外资源的最佳配置。它要求突破企业边界，重新定位企业关系，把供应商看作利益一致的合作伙伴，而客户则是企业创造价值、使产品增值的战略资源。

在敏捷供应链里，构建的是战略虚拟组织（图5），若干相互关联的企业基于战略一致性而构成动态联盟。这种虚拟组织方式是敏捷供应链成功的关键，它既能让合适的企业快速地走到一起，又能使不同企业像企业内部一样顺畅地传递信息和协同作业，供应链的敏捷性正是来自整个动态网络的无缝化合作。它具有超组织性，这种组织不一定是法人实体，而是企业联盟，企业间没有所有权负担。所以，它也具有动态性，而不是一成不变，会根据需求或目标变化动态合散。另外，多变的市场需求也要求各个合作伙伴必须时刻保持高度的警觉性，对任何时刻发生的变

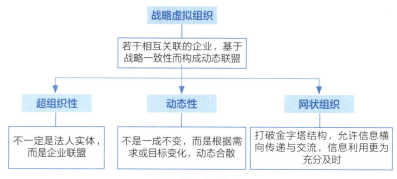

图5　战略虚拟组织

化都能形成一个由点及面的平行的网络化的响应。

　　同时，这种网状组织改变了传统的等级分明的金字塔结构，允许信息横向传递与交流，使信息利用更为充分及时。电子数据交换技术（Electronic Data Interchange，缩写为EDI）和互联网技术使供应链伙伴之间的沟通变得非常便捷而有效，他们可以信息共享，甚至可以同时对即时的需求信息做出响应。在信息共享的条件下，供应链伙伴建立共同的信息系统，互相参与对方的产品开发，共同管理双方物流系统。当各个成员都专注于自己的核心竞争力之后，这种合作形式便形成一条真正的集成供应链。

四

精益仍是敏捷
供应链的基本理念

    敏捷供应链的打造离不开精益理念。精益革新之"心""技""体"同样适用于敏捷供应链建设（图6）。"心"指的是转变思想观念，同时把追求精益和敏捷性的理念融入供应链的变革中。"技"指的是运用改善工具，一方面不断消除流程中的浪费，另一方面也要不断引入先进的敏捷制造技术、高效协同的信息技术等。"体"指的是持续全员实践，这里的"全员"不单指企业内部所有员工，还包括供应链中所有合作伙伴。供应链是系统工程，只有全体作战，敏捷供应才能实现。

图6　精益革新理念

1 人本意识与团队意识

在敏捷供应链中，每个个体都会受到重视，供应链所有企业里的员工都是产品极速产生的环节，任何一个环节出问题，产品都无法快速交付。而顾客，包括顾客的顾客，都会被当成供应链的重要资源。他们是需求的产生者，甚至可以说是新产品的创意提供者。他们的每一个看起来不可思议的个性化需求，都会被认真对待。在敏捷供应的过程中，每个人的智慧都会被尊重、被充分利用。

当然，供应链是团队作战，团队意识同样重要，尤其是协同意识，因为敏捷供应要求每个环节按照统一节奏来进行产品开发、生产、配送和服务。在信息共享的条件下，供应链伙伴借助共同的信息系统，互相参与对方的产品开发，共同管理双方物流系统，实现高效协作。

2 成本意识与效率意识

敏捷供应链要求用可接受的成本实现快速交付的多样化需求，成本意识和效率意识必不可少。供应链各环节需要分段制定成本目标和效率目标，并实时监控，及时分析实际情况与目标的差异，找到改善点，不断优化。

敏捷供应链需重点关注的成本指标有产品开发成本、生产成本、库存成本、物流成本等。重点关注的效率指标包括准时交付率、生产周期、换型时间、人均效能、设备可动率等。

3 问题意识与改善意识

出现问题不可怕，可怕的是没有发现问题的眼光和解决问题的勇气。任何一个系统的完善，都离不开重复不断的问题解决和持续改善。敏捷供应链本身也在强调"敏捷""快速迭代"，发现问题后快速解决，不断改善，持续提升供应链体系能力。

4 简化意识与标准化意识

虽然我们面对的是复杂多变的市场需求，但在供应链内部，还是要不断地追求产品设计、制造流程、交易流程的简化和标准化。只有简化和标准化，"快"交付才能更好地实现。顾客不愿意买单的复杂化、多样化，是没有价值的。虽然敏捷供应链满足的是多样化需求，但产品内部结构、生产流程却可以标准化、模块化，两者并不矛盾。

5 全局观与整体意识

敏捷供应链更加重视全局观和整体意识，它要求把供应链当作一个整体，从整体上规划和协调物流、工作流、信息流和资金流，提高所有相关过程的运作效率和确定性。它追求的是整体最优而非局部最优，即在最大化整体效益的前提下实现各实体或局部效益的最大化或满意化。这样，就必须坚持系统性原则，将供应链看成一个有机联系的整体，运用系统工程的理论与方法，管理与优化供应链中的物流、信息流、资金流，达到整体效率及效益提高、成本降低、资源配置合理的目标。

经营可视化：
拉动供应链流程再造和组织变革

经营可视化，就是把整个企业实时的经营状况看清楚，将市场、客户、营销、产品开发等集成在一起，做到组织绩效可视化，如图7所示。

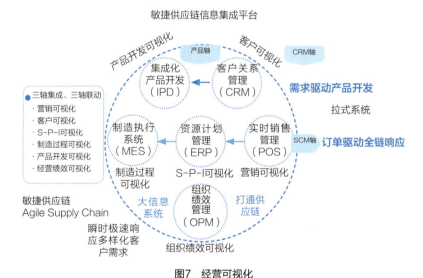

图7 经营可视化

经营可视化包括三大轴六大方面，三大轴分别是SCM轴、CRM轴和产品轴，六大方面分别是营销可视化、S-P-I可视化、制造过程可视化、客户可视化、产品开发可视化和组织绩效可视化，其中组织绩效可视化包括风险可视化。

信息化拉动供应链流程再造和组织变革（图8和图9），企业遵循的行动指南是：订单驱动，瞬时响应；科学预测，有效规划；缩短距离，洞察需求；快速流动，削减在库；创造客户，全链共赢。通过经营可视化，企业向智慧型迈进。

具体怎么做呢？从四个方面进行：一是打通客户，接触到B端和C端，获取实时的市场前端信息；二是打通全供应链，获取

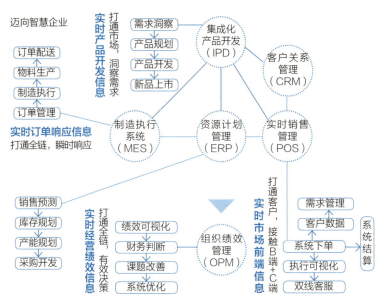

图8　信息化拉动供应链流程再造和组织变革

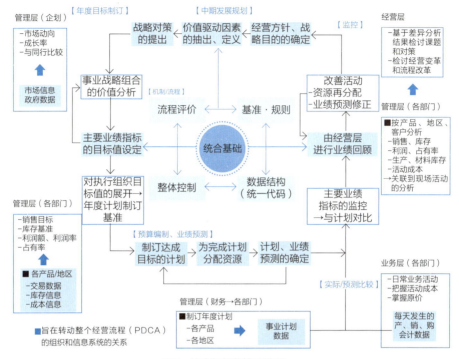

迈向智慧企业 经营可视化拉动供应链流程再造和组织变革

图9 埃森哲经营管理模型

实时的订单响应信息，即瞬时响应；三是打通市场，洞察需求，获取实时的产品开发信息；四是打通全供应链，获取实时的经营绩效信息，有效决策。

企业领导层、领导人就是根据经营绩效来进行决策的，经营绩效好还是不好，哪些指标好，哪些指标不好，我们设定标准来表示，分别是绿灯、黄灯、红灯。这些信息都能够在移动端和PC端实时直观地看到，你如果不看，系统还会亮黄灯或亮红灯提示你，这样领导就很容易发现公司经营过程当中的风险点、堵点、痛点、关键点、重点、难点和热点，因此就可以快速做出科学的决策。

从云里雾里到云端俯瞰，经营可视化会让企业经营更加科学，反应速度更加及时，最终成为智慧企业，如图10所示。

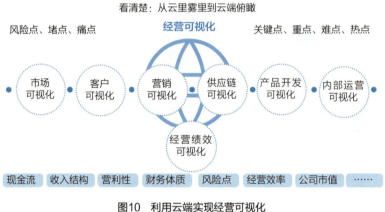

图10　利用云端实现经营可视化

什么是智慧企业？

智慧企业有三大标志：

第一是彻底数字化，实现经营的可视化。

第二是智能化的应用，实现动态科学的经营决策。

第三是共生型组织，也就是智慧企业一定要融入产业生态、社会生态，甚至融入全球生态，而不是一种竞争思维，也不只是合作思维，它是一种相融共生的思维，与环境共同生存、共同发展、共同繁荣。

第一章

打通市场，敏锐洞察需求

过期产品
降价也卖不出去

在VUCA时代，消费特点发生了很大变化，消费者偏好趋向于多样化、个性化。从消费需求的结构和趋势来看，消费者呈现出从注重量的满足向追求质的提升，从有形物质产品向更多服务消费，从模仿型排浪式消费逐步转变为个性化、多样化消费等一系列转变。

对于适合当下消费者口味的产品，可以短期内大量销售，但是对于过时产品或者不符合消费者口味的产品，降价也卖不出去。企业需要从大批量模式转变为小批量、多品种化的模式。而且，由于产品生命周期大大缩短，产品更新迭代非常快，企业的产品开发、上市推广、采购管理等环节也会发生很大变化。

1 新消费时代的特征

铅笔道研究院在其发布的《2019年新消费新风向》报告中，把我国的消费发展分成了三个阶段，三个阶段有着明显不一样的消费特征。

第一阶段是2012年之前，国家大力刺激消费，把消费视为拉动经济的新引擎。该阶段消费主要以生存型消费为导向，生产和服务活动主要围绕吃、穿、用等生活领域，即以功能性产品为主。最有代表性的是方便面，另外还有以淘宝为代表的电子商务领域，在这一时期都取得了蓬勃发展。

第二阶段是2012—2018年，我国消费进入快速发展阶段。在这个阶段，汽车消费、信息消费、个人信贷消费成为必需品，人们对生活的要求也从"生存型"过渡到"享受型"。于是，企业试图通过新品牌、新渠道、新营销构建起与消费者的新联系。例如，喜茶、奈雪成为新茶饮领域的标志性品牌；以名创优品、优衣库为代表的快时尚品牌迅速崛起；以天猫、网易严选为代表的线上平台完成蜕变。

第三阶段是2018年以后，消费进入个性化消费阶段。所谓"新消费"，其实主要是为了区别于传统工业时代的消费。在这个阶段下，消费者获取某一商品不再是单纯为了产品本身，更多是从满足心理需要的角度出发。不仅如此，消费者还越来越重视个性化、深度化的产品和服务，讲究消费行为的唯一性和标新立异。简单地说，产品不仅要足够好，还要有足够的温度。相比于"物美价廉"，"高质高价"的商品更加容易受到消费者的青睐。换言之，单纯试图通过"低价"或者"高性价比"打动消费者，显得越来越失效。

在大众消费阶段，消费者对产品的要求更多是"耐用"。但随着品牌意识和消费者意识的觉醒，消费者的口味和偏爱变得越来越难以琢磨，或者说变得越来越挑剔。相比于性价比，品质化和个性化更为重要。

2 消费起点：能销售才生产

在过去大批量生产时代，企业考虑的更多的是如何做到产销平衡，把企业的产能尽量释放，必要时进行降价促销。企业的计划模式通常是推式生产模式，即根据自己的信息和判断，预测需求，制订大生产计划。

但现在这种推动式生产模式暴露了越来越多的问题。对采用这种模式的企业来说，企业的主生产经营安排基于销售，企业的主生产计划安排基于销售预测，根据预测的需求订单和成品库存，安排企业的主生产计划。所以，采用推动式生产模式的企业的库存会占用大量的资金，影响企业的现金流。最要命的是，如果市场需求发生了较大变动，成品库存就会变成一堆废品，因为很多产品都是客户定制的，没有市场通用性，无论多便宜都没有人要。

所以，想做到敏捷供应，就要以消费作为起点，拉动整个供应链进行生产，即只生产能销售的产品。在拉动式生产模式下，企业的主生产计划安排基于销售订单，即企业对销售订单的需求进行分析、整合、调节后，合理地安排出生产计划，避免形成呆滞库存。

3 一切以消费者为中心

企业存在的目的是满足客户的需求，在新消费时代，企业务必加强对消费者的了解，并且带动整个产业链的变动，改变过去以生产厂商为核心的模式。简单来说，就是企业一切以消费者为中心，想方设法地为消费者创造新的消费环境。在流通环节，中间环节会被不断压缩甚至被取缔；在生产环节，企业也要参与其中进行管理，并且根据用户需求定制生产；在销售环节，商店不再简单地扮演展示区的角色，而是营造一种沉浸式的体验，让消费者可以追根溯源。

我们在辅导一家陶瓷企业时问过他们一个问题：谁是我们的客户？经销商是不是我们的客户？买我们陶瓷给家里装修的消费者是C端客户，建筑公司、装修公司、商场、酒店等，这些是B端的客户。这些答案其实都没错，但从供应链角度看，最前端的是我们最终的消费者，也就是使用我们产品的人。例如去逛商场的人，他们从来没有向我们下单买瓷砖，但他们却在感受着我们的瓷砖带给他们的审美享受和购物环境体验，他们才是真正的消费者。

所以，完整的供应链需要把最终消费者纳入考虑，整条供应链是被终端的消费需求拉动的，也就是我们说的需求连锁。然后，从产品开发、供应商供货、生产制造、物流配送到销售端交付产品和提供服务，每个环节都进行价值增值，这就是供应链的价值连锁。

为什么这么强调最终消费者呢？因为只有最终消费者愿意埋单的产品才是有价值的，即使他们不是直接下单买瓷砖的人，但他们是实际使用的人，这个大家理解吧？而且现在的消费需求呈现多样化、个性化，所以怎样有效地捕捉到这些消费动态，并且实时地传递给供应链各个环节，从而快速地做出反应，这就是敏捷供应链的基本思路，如图1-1所示。

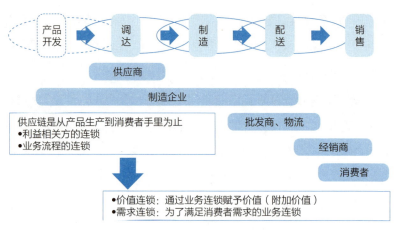

图1-1 消费者是供应链的起点

实时销售管理（POS）:
掌握最前端市场信息

 既然最前端消费者信息是供应链的起点，那怎样在消费前端获取有效的消费动向信息呢？首先要解决的是经销商、B端客户愿不愿意把客户数据、消费数据和流行趋势判断共享给上游企业，以及营销部门愿不愿意把消费数据共享给设计部门和生产部门。这需要设计一些机制来打破这种企业间、部门间的边界问题。

 新消费时代下技术和生产环节不再是独立的存在，上下游的合作也不再是简单的合作链关系。准确地说，原材料采购、产品设计、研发、制造、营销、售后等诸多环节共同构成一个协同制造的闭环。供应链上的各企业、各环节是一荣俱荣、一损俱损的关系，信息共享是敏捷供应链的一条非常重要的基本原则。

1 销售触点数据收集

 我们把愿不愿意的问题解决后，接下来就要解决怎样收集数据的问题。如何设计销售触点？需要经销商、零售商给我们提供什么样的数据？用什么样的方式来提供？提供给谁？怎样分发和使用这些数据？这里又有一系列的问题要解决。

以往，各企业只有销售人员给直接客户的销售数据，没有最前端的消费数据，即使下游经销商、零售商愿意分享数据，也很难在技术上实现。一方面，经销商、零售商自己也没有好的办法收集大量的销售数据，或者无法加工处理这些数据；另一方面，他们也无法实时给上游企业传递这些数据。如今在互联网时代，消费信息的高效采集、实时共享成为可能。

对于线上销售的产品，我们可以借助电商平台的后台功能，自动获取所有消费信息并加工分析。对于线下信息，我们可以借助信息化的手段，比如开发一个小程序，让经销商、B端客户和消费者去填写，这样这些数据就能够按照我们期望的方式收集起来，并且实时地共享到供应链来，从而让供应链快速响应，开发出符合消费动向的产品，并且快速交付。

另外，在新一轮消费升级浪潮下，自带互联网基因的80后、85后等家庭采购主力群体的消费行为还有一个明显的变化就是到楼下便利店购买。目前，大卖场的整体销售形势在衰退，但是微型终端购物场所、便利店、社区超市的业绩还在上升。在移动支付的条件下，我们也可以很轻松地采集到海量一手消费信息，再用云技术进行数据处理和分析，为供应链企业提供准确的决策支持。

在同一个信息化系统下，基于平台的管理，一切的生产活动和服务行为将以数据为依据，管理者的个人主观意愿将越来越淡化。正因为如此，才会有那么一句经典的话："大数据，才是21世纪的石油资源！"

2 线上能力是企业生存的基本能力

线上销售、线上运营对于获取数据、分析数据的优势无可比拟，这使得企业更接近消费者、理解消费者、打动消费者。线上能力越来越成为企业生存的基本能力。但是，转战线上已经不是过去开网店、做电商的概念了，是要建立线上线下一体化的营销和运营模式，我们称为线上线下融合，英文全称是Online Merge Offline，缩写为OMO。也就是说，今天的企业不但要有线上营销、线上服务的能力，还要有线上运营的能力，前者是对外部的云端能力，后者是对内部的云端能力。

云端才能让企业看得更清楚、看得更全面，云端才能瞬时响应，云端才能放大线下优势。云的能力由过去少部分企业的核心能力变成了现在所有企业都必须具备的基本能力，缺乏这个基本能力，企业难以生存下去。所以，企业要做云营销。

云营销的好处是什么？云营销最直接的效果是"营销可视化"。什么是营销可视化呢？就是客户看得见、需求看得见、订单看得见、销售收入看得见、交付看得见（包括物流看得见）、回款看得见（包括已收款及应收款状况）。每天有多少个客户提出需求？今天上午签了多少订单？一天下来有多少产品交付给客户？昨天现金收入有多少？客户可以随时知道货到哪里了，企业可以随时知道哪个客户的应收款亮了黄灯……

如果企业要迈向智慧企业，可视化是第一步。企业的可视化经营可以从营销可视化着手，因为营销是最重要的部分，营销就是经营，如图1-2所示。

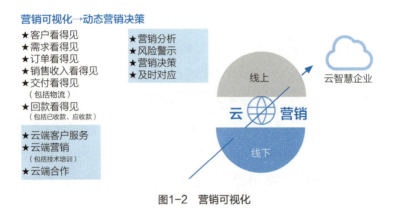

图1-2　营销可视化

营销可视化的好处，就是帮助企业进行动态的营销决策。企业基于实时数据的直观图形，进行营销分析、营销决策及风险警示，及时采取应对措施。再把营销可视化拓展开来，还可以在云端做客户服务，比如现在可以在节日之前就对目标客户进行精准的宣传推广，告诉客户有什么优惠，如果客户能够提前表示购买意向，到时候来提货，就可以享受更大的折扣。

3 **营销可视化案例：松下电器（中国）有限公司的"七天作战法"**

接下来介绍一个十多年前的例子，也是一个最初级的营销可视化的例子。

做家电的都知道，冰箱、彩电这类产品一般来说一年有几次节假日高峰销售，叫作"节日经济"，国际劳动节、国庆节、元旦、春节四大节日的销量占了全年销量的80%以上，如果某个节日期间销售做得不好，就会造成大量的库存，当年的经营业绩就大受影响。松下电器（中国）有限公司（以下简称"松下公司"）是怎么做的呢？具体如图1-3所示。

在2006—2008年，松下公司采用了"国庆七天作战法"，非常好地完成了销售计划、清空库存，这个方法运用"钱大妈不卖隔夜肉"的理念，确实非常智慧。

图1-3　松下电器（中国）有限公司的案例

首先是制订销售目标，比如国庆节期间，松下电视销量要达到多少，到假期第七天晚上的时候，就要达到既定的销量，所有的库存清空为零。松下公司是用什么方法达到这个效果的呢？

分三步走，第一步是备战，第二步是销售，第三步是复盘。

第一步，备战。首先要预测，根据去年国庆节的销量，企业在今年国庆节推出什么样的新产品？价格定多少？销量目标是多少？为了保证销量，怎么促销？

预测销量制订目标，不但要有总目标，还要有针对第一天到第七天进行连续S-P-I的数据目标。S-P-I中，S是指销售，P是指生产，I是指库存，这是企业做生产组织非常重要的联动方法。

也就是说，要细化制订这七天当中第一天要销售多少，要进多少货，库存有多少；第二天要销售多少、进货多少、库存多少……最后到了第七天，库存清空为零。只有清空备货，才算作战圆满。

这个销售端的S-P-I计划，对接到生产基地组织生产。

接下来就要进行促销活动的策划和设计，在节日来临之前备好货。最后就是一夜城作战，也就是在9月30日晚上必须一夜之间更换所有卖场松下柜台的陈列，布置好促销的店面环境，把主推的新产品、价格最好的产品跟其他的产品搭配展示出来，吸引消费者购买。

第二步，销售。这个过程就非常有意思了。

第一天按计划进行销售，到了晚上促销员要上报数据：店面每一类产品销量多少，客户有什么样的反馈；其他品牌的价格是多少，销量是多少，他们用什么方法促销。那个时候，智能手机还没有出来，大家都用数字手机，而且也不是每个促销员都有手机，松下公司就给每一个促销员都配备了一部数字手机，规定每天晚上八点要把相关信息发送到松下公司，由营销中心汇总这些数据。

根据白天的实际销量和客户反馈，考虑到竞争对手的价格和促销手段，松下公司的营销部门用信息技术工具快速分析，每天晚上决定第二天产品的价格和促销方法，并将其发送给全国各个店面的促销员，第二天一开业全国各个店面立即执行新的价格和促销方案，这样，第一天、第二天和第三天滚动进行，直到最后的第七天晚上清空库存。

第三步，复盘。

一周销售下来，马上进行作战复盘：有没有真的清空库存？实际的销售价格跟原来预计的有多少差别？有多少销售收入的损失？对市场的哪些预期和理解是有偏差的？所有问题都要做分析，特别是要找到销售收入目标没有达成的原因。松下公司还要对整个应对过程进行分析，发现一些改进点。

同时，松下公司要对竞争品牌做得好的地方进行解剖，做标杆管理；还要把此期间的销售数据做成模型，用于精确的成本分析。

做复盘的时候一定要输出复盘报告，一定要有书面化、电子化的东西，要用PPT、Excel表格等各种文件来形成报告，这样才是真正的复盘。这样复盘，此次获得的经验和实战成果才会沉淀下来，融入到组织体系中。

另外，还要制订下一步的行动计划，因为国庆节一过，马上就是圣诞节和元旦，元旦一过春节很快就来了。

这种节日经济促销的经验积累到一定程度，就把它信息化、系统化，不用再以短信的方式收集信息了，上实时销售管理（POS）系统就可以了。

现在可以有很多的方法，只要数据一录入就自动上传到云端，系统根据模型自动给出决策建议，如果建议可行就直接按照系统的建议去做，如果不行就进行人工干预。

这就是营销可视化最早的雏形，后来松下公司再造了整个信息技术系统，它的核心思想融入到系统当中。

4　数字赋能案例：某化肥企业的云营销数字赋能

云营销的数字赋能是通过营销可视化来实现的，包括客户看得见、需求看得见、订单看得见、销售收入看得见、交付看得见、回款看得见，如图1-4所示。例如，企业通过云营销系统，可以看到每一个客户的活跃度、成交量、成交额、平均客单价、产品结构和回款情况等，在一目了然的数字和图形面前，企业立

云营销数字赋能

图1-4　数字赋能：营销可视化

即就知道该怎么做。

以化肥企业为例，化肥企业通过经销商、零售商到达最终客户——农民，也就是说农户从零售商那里拿货，零售商从经销商那里拿货，经销商从化肥企业进货，这是最传统的分销模式。过去，营销团队主要服务于经销商，现在要更直接地服务于农户和零售商才能把业务做好。具体如图1-5所示。

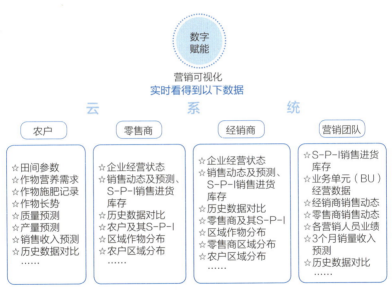

图1-5　某化肥企业的数字赋能案例

显然，企业要缩短与客户的距离，才能留住客户。企业同时服务于农户、零售商和经销商，这靠过去纯线下的方式是很难做到的，但现在通过云营销就可以快速、实时地做到，不但做到，而且做好。

企业通过建设云系统，可以实时看到各种数据，实现数字赋能。

对于农户，企业可以看到他们的田间参数、作物营养需求、作物施肥记录、作物长势，作物的质量、预测作物的产量和销量收入，还要跟历史销售数据做对比等，基于这些数字服务，企业帮助农户提质、增产、增收。

对于零售商，企业可以通过云系统把握化肥业务的经营状态；把握零售商的销售动态并预测未来的数据，做好S-P-I管理，也就是帮助零售商做好动态的销售、进货和库存管理，并跟历史数据进行对比；还可以帮助零售商管理他们的农户信息，做好每个农户的S-P-I（销售、进货和库存）管理，更好地服务于每一个农户；通过帮助零售商分析区域作物分布、农户区域分布等，最终帮助零售商做强、做大、做好。

这样的方法同样适用于对经销商的支持。企业可帮助经销商做强、做大、做好。

云营销帮助营销团队进行经营分析，包括每一个大区的S-P-I（销售、进货和库存）数据，每一个业务单元（BU）的经营数据、经销商的销售动态、零售商的销售动态、每个营销人员的业绩、未来三个月销量和销量收入的预测及历史数据对比等，帮助营销团队更好地创造增量。

营销可视化最终是把人从低价值事务当中解放出来，把主要的时间和精力用于价值创造。

客户关系管理（CRM）：
客户是最宝贵的供应链资源

客户既是产品需求信息的来源，也是产品购买者、现金提供者，所以说，客户是最宝贵的供应链资源。在传统业务模式中，客户关系管理（CRM）被当作老客经营和客户维护的业务支持工具。然而，随着数字化技术的不断发展，品牌与消费者之间直接沟通触达的渠道越来越多元化，"以消费者为中心"已从单纯的品牌服务理念，转变为业务开展的重要方式。

1 改善客户服务

敏捷供应链以客户服务水平取胜，为了提高客户满意度和客户黏性，需要企业真正将改善客户服务作为最优先考虑的问题。客户服务从接单那一刻就开始了，直到订单的交付完成，当然售后服务的支持也是必不可少的。那么，如何才能改善我们的客户服务呢？我们可以从以下几个方面来实现：

第一，提高产品可获性。产品的可获性高才能获得客户的关注，如果产品的可获得性比较差，或者成本比较高，客户会选择比较容易获得或者成本比较低的替代产品。

第二，按单准时送货。现在已经是小批量、多品种、短交期，甚至单件订制的生产时代，所以企业要准时交货、快速交货，以足够短的交货周期来快速满足客户的需求。因此，交期是实现顾客满意的关键。

第三，及时准确的物流信息。企业要实现准时化生产，需要订单执行系统是可控的，所以就需要及时准确的物流信息，保证物流的及时供应，这样才能保证生产系统的稳定性，也才能真正实现准时化生产。

第四，整体响应需求。敏锐感觉市场，具有快速应对市场需求和客户要求的能力，是生产系统的应变弹性能力。企业的柔性越高，其抓住市场机会的能力就越强。

第五，售后服务支持。售后服务是售后最重要的环节。售后服务已经成为企业保持或扩大市场份额的重要因素。售后服务的优劣直接影响消费者的满意程度，优质的售后服务可以算是品牌经济的产物。在市场激烈竞争的社会，随着消费者维权意识的提高和消费观念的变化，消费者们不再只关注产品本身，在同类产品的质量与性能都相似的情况下，更愿意选择那些拥有优质售后服务的公司。

2 云平台：实时线上服务

云平台可以为客户和营销团队提供实时服务，实现服务赋能，包括准时交付、支持急单，快速帮助客户清除困扰，提供整体解决方案，支持客户战略试错，支持客户服务创新，如图1-6所示。

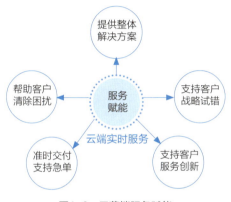

图1-6　云营销服务赋能

以化肥企业为例，通过云平台实时提供高质量服务，帮助农户生产的农产品市场化、商品化和品牌化，如图1-7所示。

所以，化肥企业要拓展服务范畴，为农户提供市场信息、品牌信息和商品化生产服务，比如指导农户对接生鲜品牌，融入区域品牌，如钱大妈、山西小米、赣南脐橙等，为农户提供营销指导。

线上和线下相结合为零售商和经销商提供经营层面的服务，包括有力的营销政策、动态合理的价格、有效的库存规划和安全授信等，支援零售商和经销商突破经营瓶颈。

在业务层面，线上和线下打通，为零售商和经销商的快速供

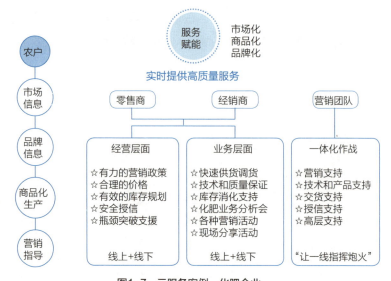

图1-7 云服务案例：化肥企业

货调货提供技术和质量保证，帮助消化库存，召开化肥业务分析会，开展各种营销活动和现场分享活动等。

通过云营销系统，化肥企业为自己的营销团队提供营销支持，包括技术和产品支持、交货支持、授信支持和高层支持等。

3 差异化：技术服务型营销

在产品同质化、技术同质化的现实面前，企业只有用技术性营销放大技术的优势，用服务型营销放大人文的价值，才能实现营销差异化，凝聚一大群高价值的客户。

企业尤其是B2B业务，为客户提供的技术服务包括技术信息、联合工作、技术输出、技术培训和技术服务等（图1-8），过去只有纯线下途径的时候，服务的速度、质量、效率和覆盖面都不令人满意，通过云平台建设，云营销把上述五大方面的技术支援搬到线上，再结合线下活动实现技术赋能，极大地突破了纯线下的局限。

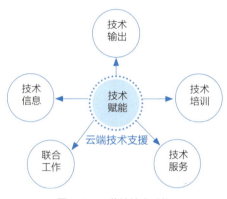

图1-8　云营销技术赋能

　　还是以化肥企业为例，化肥企业可以通过云端为农户提供技术培训和田间指导，包括种植技术、产品套餐、化肥产品和作物管理等。所以，化肥企业应开办云种植学院，给原来只有在田间地头才能开展的技术服务插上腾飞的翅膀，如图1-9所示。

　　通过云平台，化肥企业给零售商和经销商提供线上线下结合的技术培训、技术研讨会、田间地头走访和技术支援，实现一地教学、全球观摩，释放技术的能量。

　　化肥企业通过云平台为营销人员提供系列化、针对性的业务培训、技术培训、技术研讨会、标杆技术案例支持和技术支援，

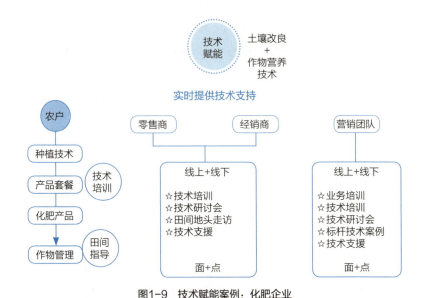

图1-9 技术赋能案例：化肥企业

不但提供了及时化的内部服务，更可以做到实时化，打开手机说开会就开会，说培训就培训，点对点可以，点对面也可以，还可以全球共享，完全消除了时间、空间和覆盖面的限制。

我们再看另外一个行业的企业的例子，就是白云化工的技术性营销。

白云化工是做工业密封胶的企业，总部在广州，他们的业务是为全球建筑幕墙、中空玻璃、门窗系统、内装、装配式建筑和工业领域提供密封胶系统解决方案。2020年年初，白云化工开启云办公模式，夯实数字化管理水平，通过企业微信等线上工具高效触达客户及合作伙伴。白云化工在线应时推出"白云在线大讲堂"定制化课堂、"白云在线大讲堂"线上公开课、抖音平台

"白云在线云课堂"、微信聆听阅读及线上答疑等一系列数字化课堂，远程授课，精彩直播，开展多样化公益性线上服务。他们有一堂"密封胶为什么会开裂、脱胶？"的线上公开课，在学人数是6600人，这对于一个细分技术课程来说，是一个不小的流量。

白云化工的抖音平台"白云在线云课堂"号称"足不出户，密封胶专家与您面对面"，在2020年2月16日就推出了"硅酮耐候密封胶起鼓原因分析及解决方案"的技术直播课。在2020年1月之前，白云化工还只做线下培训，他们在中国和东南亚到处开课，都是中文教学。2020年2月之后，白云化工打通线上和线下，相信不久的将来，他们会推出面向全球的英文技术课程。

客户的采购决策单元有五大角色，分别是倡导者、决策者、执行者、使用者和影响者，技术人员是采购决策单元当中最重要的影响者之一，B2B企业用营销作战单元应对客户的采购决策单元，技术性营销将创造极大的无形优势。

当一家B2B企业可以线上线下常态化地为全球客户提供技术服务时，不但可以输出标准化技术支持，还可以定制个性化的技术支援。他们将吸引和黏住越来越多的技术粉丝群，在客户端的粉丝群体将持续壮大。他们可以从目标客户的技术窗口常态化地获取客户的需求线索，流量大了，成交量将随之提高。在客户采购决策单元中，技术人员成为越来越重要的影响者，技术粉丝群将给企业带来越来越多的非价格优势，他们比竞争对手更早融入客户，促进联合开发、联合项目，极大地提高客户黏性，降低客户的价格敏感度。

面向市场和客户
进行营销创新

接下来我们讲讲如何面向市场和客户进行营销创新。基于企业经营的三要素包括产品、客户及产品通向客户的渠道和交易模式，这自然就带来产品创新、服务创新和市场创新的问题。

1 产品创新和服务创新

我们从三代产品规划的角度，面向未来去思考如何创新。例如，我们要从客户轴的角度去考虑：客户正在发生哪些变化？由此带来哪些需求的变化？需求带来变化以后就是对产品的要求，所以如何创新产品去满足这些需求？传统的第一代技术满足不了这些新产品开发的要求了，我们的第二代技术如何未雨绸缪，提早进入研发的状态？同时我们如何规划好未来第三代技术，及时地启动技术开发？技术轴、产品轴和客户轴，不论从哪一个点切入进去，三个轴都是连通的，我们都可以找到创新的路径和机会，如图1-10所示。

从具体的手段来说，我们的创新要从满足大众化需求到满足

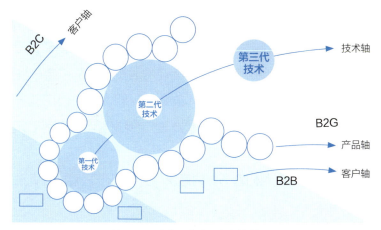

图1-10　企业三代产品规划大地图

个性化需求。大众化的需求，主要是满足人们的基本功能。但是到了今天，客户的需求越来越个性化，客户越来越追求全面价值，而不只是一个点的价值。例如，企业不但要满足客户对产品功能和性能的需求，还要满足客户希望送货到家，还希望可以移动支付，最好手机上就能开发票。这种消费层次在分化，目标客户群体管理颗粒度要越来越细，要分层分群地去进行管理，满足个性化需求成为一个必然。

2 案例：日本松下的制定化家居

接下来介绍一个案例。日本松下有非常多元化的产业，其中有住宅产业，其被称作幸福事业。过去我们说"住宅"是一种空间概念，是生活空间。但是现在的"幸福事业"里面还有与大自然亲近，看着植物成长的喜悦，所以他们在定制家居的空间里面导入自培育蔬菜。在家里用一个玻璃箱就可以种蔬菜，你每天都可以看到蔬菜在成长，到了时间就可以去摘。这就是他们在营销领域通过产品导入的创新来吸引年轻的消费者。除了年轻消费者，他们同时又要为中等收入人群服务，即做到帮他们节省时间，所以除了个性化定制以外，他们的定制家居可以做到七天交货、一天安装，如图1-11所示。

目前，在我国我们看到做的最快的大约要十五天，但真正来

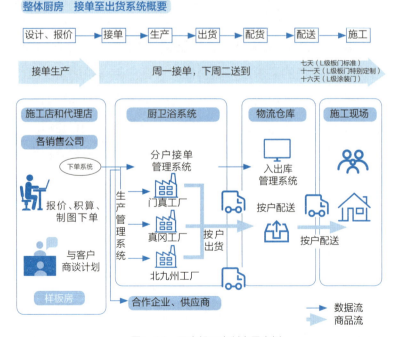

图1-11 日本松下定制家居案例

说都是三十天以上。我们接触过的若干个定制家具的品牌，其交货期都是在三十天左右，但是日本松下可以做到七天交货、一天安装。因为为中等收入人群服务首先就是要考虑他们的便利性。

3 案例：德国顶级家具品牌——罗尔福奔驰

我再介绍一下德国的一个顶级家具品牌，叫罗尔福奔驰（ROLF BENZ），虽然也叫奔驰，但是和奔驰汽车集团没有关系。罗尔福奔驰创立于1964年，已经有五十多年的历史了，我们在2016年去该公司进行交流的时候，发现该公司由室内设计转型到家居设计，罗尔福奔驰由单一的B2C营销，转向了B2C加B2B的混合型营销。

什么意思呢？过去罗尔福奔驰主要做高端家具，比如该公司的沙发、餐桌都是实木的。该公司当时主要针对的客户是55岁左右的富有阶层，但是到了后面，该公司突然发现这个市场成长空间有限，得拓宽商业客户。该公司发现可以对企业销售这些家具。为什么对企业可以卖这些看样子是家庭空间里面的家具呢？原因是办公空间生活化是一个全球趋势，现在中国第一梯队的企业家，他们的办公室里面全是高档家具，而且他们的工作空间全是生活化的，也就是家里的沙发在企业空间里是一样存在的。

另外，该公司要面向年轻客户群推出相应的产品。但是如果这个品牌不能让年轻人认知，未来是没有生命力的，怎么办？所以，该公司向35岁左右的年轻家庭渗入，为此其推出了罗尔福、奔驰两个品牌，两个品牌下面有三个子品牌，这三个子品牌针对不同的年轻客户群,通过有生命力的产品设计来实现持续的客户关系。我们在2016年去拜访该公司的时候,该公司的产品已经覆盖得非常广泛了,比如很多体育场馆、高档餐厅都在用该公司的家具,而且采取整套解决方案。

4 通过产品开发九宫图看营销创新

从前面两个例子可以看出,营销创新的第三点就是要由单一的产品销售到整体解决方案的销售。如果要做整体解决方案的销售,我们就需要围绕我们的目标客户导入新的产品,形成一套整体解决能力。我们这里用了一个中期产品开发的九宫图来进行说明(图1-12)。前面我们讲了,如果别家有的产品我们没有,现在我们来做,算不算创新?

答案是算,为什么?我们把产品对于市场的吸引程度,以及产品在我们公司的新颖程度,由高到低分成一个九宫格。企业的

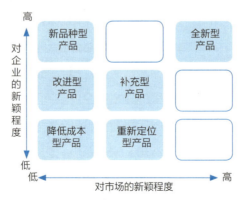

图1-12 中期产品开发九宫图

新产品导入会有六种情形。第一种是降低成本型产品，我们通过优化工艺来降低成本，产品本身并无明显变化。第二种是推出一款既有产品的改进型产品，对部分外观、参数进行了升级。第三种是新品种型产品，市场上已经存在这种产品，但本企业需要重新开发。第四种是重新定位型产品，即把企业现有的某种产品，通过重新包装、定位，让它以不同的价值，重新投入市场。第五种是补充型产品，从功能上对现有产品形成互补，从而提高企业产品的配套率，丰富产品线。第六种是全新型产品，对市场、企业来说，都是创新型产品。比如松下公司在定制家居中，导入家庭培育蔬菜的产品。过去我们会把它当作家电产品来对待，现在我们把它纳入家居空间的定制中，这就是全新型产品。

有一些看起来是全新的产品，我们要导入，比如刚才提到的日本松下的例子。在定制家居当中，导入家庭培育蔬菜这样一个产品。过去我们会把它当作家电产品来对待，现在我们把它纳入家居空间全屋定制当中，这就是全新型的产品。

通过九宫图来看营销创新的第四个方面，就是客户接触点和互动方式的创新。营销首先是要在客户的接触点上下功夫，所谓客户接触点，就是企业跟客户互动的地方。它会提高客户认知度，让客户形成对企业的认知。同时设计适当、完整、丰富的互动方式，包括网络广告软文，也包括客户跟我们接触过程当中的产品服务。还有我们的员工，包括我们的合作方的员工，比如卖场的员工，他们都是直接客户接触点；还包括企业的应用程序、公众号，也是一种接触点。

S-P-I可视化：
精准预测，有效规划

满足客户需求，首先要做好的是产品及时交付，为此，企业需要从营销端入手，对交付系统进行规范化、可视化管理，做到精准预测、有效规划。它包括以下几个方面：

第一，对客户的需求进行管理。

需求管理是指以客户为中心，以客户的需求为出发点，制定企业的生产决策，达到满足客户对产品需求的一种活动。良好的需求管理，可以在满足客户需求的基础上，实现企业资源的最大化效应。

第二，预测与补货。

预测是对客户未来需求的一种预判管理，有效的预测可以帮助企业确定未来市场对企业产品的需求，制定合理的销售策略，进行产品优化规划，实现企业内部的资源合理配置，帮助企业进行协调生产，并进行合理的库存规划，提前做补货安排，降低企业因缺货带来的损失。

第三，订单管理。

完善的订单管理系统，可以帮助企业减少因市场对订单需求的波动性和不稳定性所带来的生产不均衡，从而避免造成企业的各种浪费和损失。

第四，客户服务。

良好的客户服务可以带来较高的客户满意度。客户服务从接单那一刻就开始了，直到订单的交付完成，当然售后服务的支持也是必不可少的。

1 客户需求管理

客户需求管理是指以客户为中心，以客户的需求为出发点，集中精力来估计和管理客户需求，并试图利用该信息制定生产决策，以实现客户效用最大化的一种活动。

客户需求管理的本质是在整个供应链中提升企业的能力，尤其是通过客户获得生产信息，从而协调产品流、信息流和资金流等相关活动。所期望的最终结果是为最终用户和消费者创造更多价值。

客户需求管理应当是已知系统需求的完整体现，每部分解决方案都是对总体需求一定比例的满足，甚至是充分满足。客户的需求决定了系统设计所要解决的问题，可以说，需求管理指明了系统开发所要做和必须做的每一件事，指明了所有设计应该提供的功能和必然受到的制约。

客户需求管理的过程从需求获取开始，贯于整个项目生命周期，力图实现最终产品同需求的最佳结合。通过对客户需求管理在项目进程中实施的不同任务进行分析，我们可以看出客户需求管理所起的作用。

客户需求管理是一个动态的过程，离开了能动的、变化的系统进程而空谈需求管理，无异于纸上谈兵。

了解和管理市场需求是企业成功的重要决定因素。战略性地运用需求数据可以增强企业的成长力、资产组合、定位和投资战略。

客户需求管理的主要内容有：

（1）收集和分析消费者及其未满足的需求信息　客户需求管理需要首先进行客户的需求调查，并对客户的需求进行细化，对比较复杂的客户需求需要进行建模分析，以更好地理解需求。这个阶段需要完成对需求的定义。在对需求定义过程中，企业要尽可能地避免有内容失实、遗漏、含混不清和前后描述不一致的问题。

当完成需求的定义及分析后，企业需要将此过程书面化，要遵循既定的规范将需求形成书面的文档，必要的时候可以邀请专家或客户一起评审并确认最终的需求，尽最大努力使需求信息能够正确无误地反映客户的真实意愿。

需求确认是需求管理过程中的一种常用手段，也是需求控制的重要环节之一，确认有两个层面的意思：第一是进行系统需求调查与分析的人员与客户间的一种沟通，通过沟通从而对不一致的需求信息进行剔除；第二是对于双方达成共同理解或获得用户认可的部分，双方需要进行承诺。

（2）识别需求链需要的伙伴　需求链管理是一套现代的商业管理策略，目的是让各贸易伙伴紧密合作。在整个需求链上，以最低的成本和最高的效率为顾客带来最大的益处。所以，企业在进行需求管理时，需要识别出需求管理链上需要的伙伴。

（3）将重要职能交给能最有效执行的渠道成员　由于需求链强调的是对顾客需求的管理，因此它能及时地把顾客的潜在需求及时反馈给设计、生产部门，制造出使顾客满意的产品。因此，整个市场运作要以顾客的需求拉动，供需协调，需要各职能成员之间尽最大的努力互相协调和有效执行。

（4）共享客户、可获技术、物流挑战与机遇等信息　在经济全球化和现代技术的条件下，社会化的资源供应网络应运而生，原属于企业独占的设计、制造、运输等能力和资源都重新变成由市场提供的一种"商品"，并变得相对过剩，而客户的需求对企业而言却是短缺的，因此能不能抓住顾客已成为企业生死攸关的生命线。只要有顾客需求，企业就能在最短的时间里调配到资源，为其设计、定制产品，并将产品最终运送到顾客手中。所以，企业如何比较有效地获取共享客户、可获技术、物流挑战与机遇等信息是比较重要的。

（5）开发能解决客户问题的产品和服务　企业的存在是为了解决客户的问题。例如，解决人们远程通信问题的企业有通信设备制造商（手机和通信设备）和运营商，解决吃饭问题的企业有餐厅，解决社会交易问题的企业有阿里巴巴等。如果你能够发现一个真实存在且让客户感觉不方便的问题，就要具备开发出能解决客户问题的产品和服务的能力。

需求管理恰如裁缝量体裁衣，它直接关系到最终产品的成型。如果一个产品满足了客户需求，那它无疑就是成功的。需求管理的过程，从需求分析开始并贯穿于整个项目，力图实现最终产品同需求性的最佳结合。

（6）开发和实施最好的物流、运输、分销方法，以适宜方式提供服务　如何以适宜的方式提供服务，不同的企业有不同的方式。

1）制造企业采用由供应链管理向需求链管理发展的模式。需求链管理战略似乎是制造商采用的最好方法，因此正在采用该方法的那些为数不多的企业应该坚持下去，无论什么情况，都应增加与供应商和顾客之间的集成。另外，如果这些企业处于B模式的供应集成或C模式的需求集成，那么它们应分别逐步向上和向右实现更高水平的集成，从而实现向需求链管理的转变。同时，如果这些企业仍然几乎没有基于Web技术的任何形式集成，那么它们向需求链管理发展的最佳模式是向右过渡到B模式，然后再向上最终发展为基于D模式的需求链管理如图1-13所示。

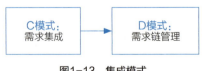

图1-13　集成模式

2）服务企业采用由供应链管理向需求链管理发展的模式。对于大多数服务性企业而言，需求集成应该是最好的方法。服务业做任何供应集成或在需求链管理集成方面全面出击都可能是对资源的浪费。

因此，如果这些企业仍然几乎没有基于Web技术的任何形式集成，那么它们应创造条件向上实现与顾客的集成发展为C模式。如果这些企业在B模式基础上实现了与供应商的集成，那么最好也转向与顾客的集成，发展为C模式。

2 销售预测管理

敏捷供应虽然是拉式生产，但拉式生产不代表不需要做需求预测，而是对预测的准确度要求更高，尤其是短期预测。预测能够帮助企业对需求变化迅速做出反应，提高竞争力。

销售预测来源于对市场需求的预判和评估，所以需要对历史数据进行分析，结合对历史数据的分析，建立数学模型，然后再结合市场人员的经验判断，对未来的需求进行预判评估。

销售预测可以帮助企业提前做好营销策略的调整、采购计划及库存控制的调整、生产计划的协调安排；另外，在企业进行设备选择、设备布局、设施规划及企业战略选择的时候，帮助企业进行决策。

销售预测的实施遵循一定的步骤，在进行销售预测的时候，我们可以按步实施（图1-14）。

（1）明确预测的目的和用途　确定目标就是明确要预测什

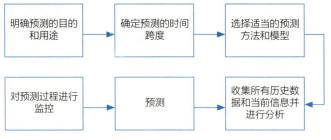

图1-14 需求预测的步骤

么，达到什么目标。预测目标一般根据企业要解决的问题去确定。

（2）确定预测的时间跨度　预测目标包括预测的项目(即要解决的具体问题)、地域范围要求、时间要求、各种指标及其准确性要求等。预测目标是进行其他预测步骤的依据。

（3）选择适当的预测方法和模型　在预测过程中，仅仅使用一种方法进行预测不太多见，也不太可靠。通常，企业经常以定性和定量的方法同时进行预测，或者以多种预测方法互相比较印证其预测结果，这样可使预测的准确度提高。

另外，进行定量预测时，往往要建立预测模型。预测模型是以数学方程式表达的各种变量之间的函数关系，它抽象地描述企业市场营销活动中各种因素、现象之间的相互关系。

所以，企业需要根据预测目标和资料情况，选择可行的预测方法。

（4）收集所有历史数据和当前信息并进行分析　企业应根据预测目标进行市场调查，对所收集的资料进行认真的核实与审查，去粗取精，去伪存真，并归纳分类，分析整理，分门别类地编号保存，力争使其系统、完整、准确，为预测做好资料准备。

（5）预测 根据收集的信息，利用建立的预测模型，运用数学方法，或者借助电子计算机，企业就可以对预测结果进行检验、评价，进而做出相应的预测。

（6）对预测过程进行监控 预测结果出来之后，企业需要对预测过程、预测指标、资料来源等做出简明的解释和论证。报告应及时传递给决策者。

那么我们如何才能对销售预测的数据进行准确的管理呢？为了保证销售预测数据的准确性，我们可以从以下几个方面进行管理：

1）企业历史数据。企业历史数据在外界市场各种因素变化的影响下，虽然不能完全反映市场对产品的需求，但它的变化趋势可以在一定程度上反映市场对企业产品的反应情况，我们可以结合市场各种因素的影响变化来修正我们的历史数据，以达到我们进行销售预测的目的。

2）行业统计信息。一般来说，行业统计的信息是对行业比较了解的人员对本行业信息进行的统计分析，企业可以参考这些数据对未来的销售情况进行预测，再结合本企业的特点和行业地位，进行有效的销售预期分析。

3）政府统计信息。政府作为一个官方机构，公布的某些行业的统计数据的客观性比较强，所以，可以作为一个比较准确的销售预测参考数据。

4）专家趋势分析。提问者将要咨询的问题以信件的形式寄给一些专家，请专家提出建议再寄回。提问者再根据专家的建议对计划进行修改，然后把修改好的计划再次寄给专家并请他们再次提出建议。

5）竞争对手信息。竞争对手信息是指与本企业存在市场竞争关系（或潜在市场竞争关系）的其他单位的相关信息，包括竞争对手的公司规模、产品构成、产品特色、经济实力、产品策略、竞争战略等。

竞争对手信息的收集需要遵循相应的原则。一切有关竞争对手的信息都可能是有价值的情报。

当前大多数竞争情报著作均强调关键性情报信息的收集，但在实际工作中情报无大小，竞争对手的任何一个细节、行为与表现，都可能反映出该企业的最新发展动向、战略目标及其可能采取的行动。因此，情报人员应该树立一个基本理念：与竞争对手有关的一切情报信息都应纳入搜集的视野，在制定竞争对手尤其是主要竞争对手信息收集大纲时，应尽可能全面、完整。企业以全面系统的情报信息反映竞争对手的情况，揭示竞争对手的现状，预测竞争对手的未来，从而制定本组织的竞争策略。

企业也要考虑情报信息搜集的代价。搜集竞争对手的情报信息需要投入，包括人力、财力、时间、法律风险等成本支出。因此，企业必须考虑投入产出比，在有限的时间、物力、财力、精力以及道德法律允许的条件下进行情报信息搜集。这就意味着情报搜集工作要有选择、有重点地进行，不能眉毛胡子一把抓。

竞争对手信息搜集是一项系统工程，要有组织、有计划地进行。一般而言，竞争对手信息搜集工作应由两部分组成，一是常规的、日常性的信息搜集活动，即对竞争对手进行持续的、全面的、系统的、日常的跟踪与监测，在此基础上建立竞争对手数据库，它是竞争情报活动乃至企业信息管理的基础，具有长期性、持续性、全面性、系统性、日常性等特点；二是针对某一课题、某一任务、某一事件而进行的暂时性、任务性的信息搜集工作，即围绕某一特殊的任务，进行有针对性的信息搜集，一旦该任务完成，信息搜集活动即告结束，这种任务式的信息搜集工作具有针对性、临时性、深入性等特点。无论哪一类信息搜集工作，在执行任务前，企业都有必要对情报需求、搜集目标与任务、人员安排、时间进度表、财务支出、信息搜集渠道、方法与技术手段等做全面的权衡与考虑，制订周密的计划，并尽可能地将其规范化、流程化、制度化、标准化，提高企业情报工作的效率。

3 基于销售预测的S-P-I可视化管理

为了有效地进行库存管理，企业需要建立基于销售预测的S-P-I可视化管理，以提高企业运作系统的预见性反应，从而改善客户服务。

S-P-I系统是指企业的销售—生产—库存管理系统，它的主要内容是建立企业的销售—生产—库存管理联动系统，进而实现企业的生产运作系统能够根据市场的变化和订单需求，及时地调整生产和库存控制，提升生产系统的市场应对力和应变弹性，最终加速产品周转的速度，减少企业库存，加速企业现金流动。

S-P-I可视化管理（图1-15）可以帮助企业有效备货、削减库存，包括库存总量管理、库存分布管理、库存目的管理、滞留库存管理和移动库存管理。

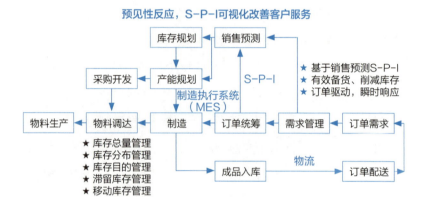

图1-15　S-P-I可视化管理

第二章

订单驱动，敏捷响应客户

建立瞬时响应的敏捷系统

敏捷式供应需要一个能够瞬时响应需求的大脑：敏捷响应系统，即能快速把客户需求转化为供应链可执行的指令，并且实时跟踪执行进度，最终实现敏捷供应的系统。这里说的"系统"不只是信息技术系统，还包括整个订单执行流程，涉及订单管理、生产计划、物料计划、进度控制等。

我们可以通过SIPOC模型来理解敏捷响应系统的作用，这个模型也叫"订单执行流程"高端流程图，如图2-1所示。

图2-1　SIPOC模型

敏捷响应系统需要根据客户订单需求，结合产能、物料情况高效计划，调动供应商、工程技术部门、生产部门、品质部门、销售部门等部门协同作战，调动原材料、设备、工人、工艺流程、质量标准等生产要素，有条不紊地实现订单交付，满足客户需求。

在这个系统中，生产计划是订单执行流程的核心环节，是敏捷响应系统的"大脑"（图2-2），也可以说是生产系统的"心脏"。因为市场需求的信息通过生产计划加工处理，转化成信息流，调动各部门分工配合、各司其职，带动资金流和物流，最终实现准时交货并满足客户，使资金实现快速流动和增值。

图2-2　生产计划是敏捷系统的"大脑"

在传统的生产模式里，生产计划往往沦为"二传手"，只是简单地把订单转给生产车间，还要随时被销售部门、生产车间、质量部门、采购部门牵着鼻子走。生产计划部门本来是生产系统的龙头部门，统筹指挥其他所有部门，结果变成谁都可以干预它、指挥它的弱势部门。生产计划部门越是弱势，就越无法引起公司高层的重视，同时越留不住能力强的员工，结果就会陷入恶性循环，越来越没有存在感。

实际上，生产计划部门是最核心的部门，它需要结合订单的优先级、各车间产能情况及各车间的生产提前期，给出效率最高的生产计划；否则，很可能会发生这种情况：生产出来的东西不是市场需要的。也就是平时所说的"缺货与过剩同在"，企业一方面处于高库存水平，另一方面却只有低服务水平。

想要解决这个问题，不要幻想只利用资源计划管理（ERP）系统就万事大吉，因为在没有理清楚真正适合企业的排产逻辑之前，任何系统都是没有意义的。行内有句话说："进去的是垃圾，出来的还是垃圾。"意思是说，信息技术系统再好，你输入进去的信息是不可靠的，出来的信息也是没有意义的。而需要输入什么信息，是由排产逻辑决定的，所以一定要先搞清楚逻辑。计划模式如何规划？月计划、周计划、日计划怎样排？物料计划怎样做？生产进度如何控制？如何调整生产计划？这些问题需要完全搞清楚，如此才能进行有效的排产，从而使客户需求能够得到及时满足，同时成本最低。

这里提供一个机加工企业的生产计划模式，供大家参考（图2-3）。

另外，整个公司、整条供应链也要转变意识，明确敏捷式供应的战略定位，同时强化生产计划的权威性，大家都盯着同一根指挥棒来协同运作。一方面，生产计划部门自己本身需要

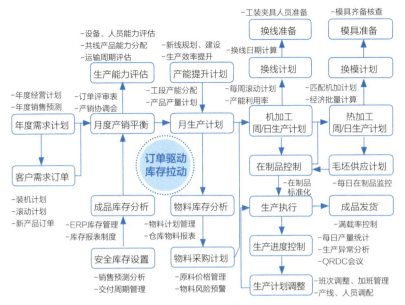

图2-3 某机加工企业生产计划模式

提升供应链掌控能力，发出的指令经得起各部门推敲，保证是综合各方因素后的最优方案。当然，可以借助高级计划与排程（Advanced Planning and Scheduling，缩写为APS）等信息技术工具来提高生产计划的水平。另一方面，其他部门也需要提升各自的执行能力，使自己在敏捷性供应的体系里不要拖后腿。

变革不是一蹴而就的，打造瞬时响应的敏捷系统不能指望某个高级信息技术系统，或者请咨询公司画个模型就能成功，而是要在坚定敏捷供应战略定位的前提下，一点一点地去改变大家的意识，踏踏实实从细处着手去推进和改善，这样才能最终实现目标。

从推式生产到拉式生产

过去企业习惯于推式生产模式，即根据自己的信息和判断预测需求，制订大生产计划。这种模式在供不应求、大批量生产的时代，确实能够帮助企业实现生产效率最大化。但是，在VUCA时代，这种模式行不通了，因为不再是企业生产什么，客户就要什么。正如前面章节讲到，如今的过时产品降价也卖不出去，而且消费者越来越偏向于个性化定制的小批量产品。这就要求企业转变生产计划模式，从推式生产转向拉式生产，即客户需要什么，企业再生产什么。

1 推式生产计划

推式生产计划更多是企业基于自身的战略定位、市场判断和需求预测来制订年度经营计划，再通过综合生产计划来平衡供需差异，制订月生产计划和小日程计划。通常生产计划只关注一组类似产品，如产品系列、代表产品或者标准产品来进行产量的衡量，如图2-4所示。这种计划模式的核心关注的是产量，而不是细化品类的销量，更不是服务水平。所以，过去生产型企业大多

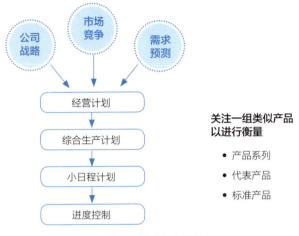

关注一组类似产品
以进行衡量

- 产品系列
- 代表产品
- 标准产品

图2-4　推式生产计划

都是以产量完成情况来衡量业绩的，这跟敏捷式供应以服务水平作为核心指标有着明显不同的出发点。

这种生产方式一般适用于大批量生产类型，产量较大、经常生产的主导产品可在全年内均衡安排或根据订货合同安排。一般情况下，企业会进行产品品种的合理搭配，使各车间、各工种、各种设备的负荷均衡并得到充分利用。产量少的产品尽可能集中安排，减少各周期生产的产品品种数。而对于新产品，一般会分摊到各季度、各月生产，与生产技术准备工作的进度衔接并协调。

推式生产模式最主要的课题是对付不稳定需求（图2-5），即当市场需求小于或者大于正常能力时怎么办？

企业会采取编制跨度为2~12个月的综合生产计划来平衡供

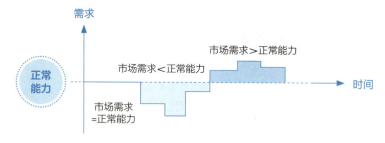

图2-5　不稳定需求

需矛盾，并指导月计划和小日程计划，如图2-6所示。一方面做好中长期的需求预测和生产能力评估，提前识别供需差异并做好产能或者市场布局。另一方面，尽量增加生产的柔性和销售政策的灵活性，当供需不平衡时，企业能够及时做好产能或者销售策略的调整。

　　需求的调整策略包括差别定价、促销、延迟交货和创造新需

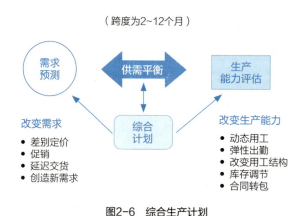

图2-6　综合生产计划

求。总的来说，就是当市场需求小于正常产能时，通过价格调整、与顾客沟通、激发需求等方式来促进购买行为，把暂时性闲置的产能消化掉。而当市场需求暂时大于正常产能时，一方面通过涨价来抑制或延迟部分需求，另一方面采取延迟交货的方式来临时应对。但这样做会增加紧急订单成本，如果实在赶不出来产品还会丢单，损失销售利润或机会成本。最要命的是因为服务水平的下降，从而导致客户流失。

生产能力调整策略包括动态用工、弹性出勤、改变用工结构、库存调节和合同转包等。动态用工、改变用工结构是指按需聘用、解雇工人，根据生产高峰需要采用兼职工、季节工、临时工的方式来临时调整产能。弹性出勤是对季节性需求高峰利用加班来提高生产能力；合同转包是利用其他企业获得的临时性生产能力，如图2-7所示。所有这些办法都有一定的成本，但相比于

需 ← 平衡 → 供

需求调整		生产能力调整	
差别定价	实现需求高峰期与低谷期调整	动态用工	按需聘用、解雇工人均有相应成本
促销	改善与顾客的沟通，促进购买行动	弹性出勤	对季节性需求高峰利用加班提高生产能力
延迟交货	紧急订单成本销售（利润）损失、客户流失、机会成本	改变用工结构	根据生产高峰需要采用兼职工、季节工、临时工
创造新需求	为需求低谷期创造新需求	合同转包	利用其他企业获得临时性生产能力，成本高、质控难

图2-7　平衡供需的策略

永久性增加产能，这种灵活控制产能的方式还是可以接受的。

2 拉式生产计划

拉式生产是以消费为起点来做计划，即能销售才生产，只生产能销售的产品。拉式生产的关键在于有效活用消费者的购买信息、相关企业的内部信息，通过削减在库和缩短交货期来尽可能地缩短企业和消费者的时间距离，如图2-8所示。

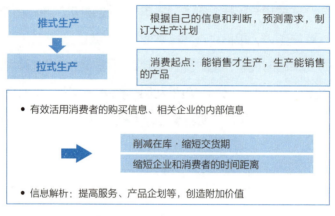

图2-8 从推式生产到拉式生产

推式生产主要通过集中生产、均衡化生产来提高效率和降低成本，而拉式生产首先追求的是提高服务水平，注重产品企划和个性化需求的满足，从而创造更多的附加价值。

拉式生产的整条供应链是由订单驱动的，即只在有确定的订单或者明确的预测需求时，才会拉动供应链去响应。订单需求信息先拉动生产计划这个"大脑"进行响应，综合计算后，发出指令来拉动材料调达和仓储管理，同时拉动车间和供应商进行生产。另外，技术工艺、设备维护、质量保证、人力资源等职能部门也会同步响应，支持订单快速交付，如图2-9所示。

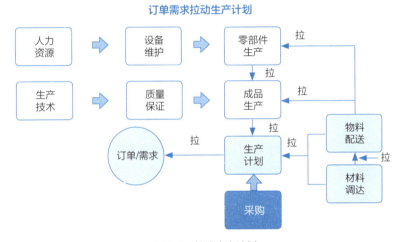

图2-9　拉式生产计划

　　拉式生产适用于单件小批生产类型，一般会按合同规定的时间要求进行生产。但是为了缩短交付周期，生产计划会先安排明确的生产任务，对尚未明确的生产任务按概略的计算做初步安排，随着合同的落实逐步使进度计划具体化。当然，拉式生产也要考虑效率和成本，在满足交付要求的前提下，尽可能照顾人力和设备的均衡负荷，采取相对集中轮番生产的方式，以简化管理工作和提高效率。

　　需要注意的是，拉式生产虽然由订单驱动，更注重短期计划，但这不意味着不需要做长期计划和中期计划。一年以上的长期计划主要用于产品定位和长期生产能力规划，包括产能需求分析、产能规划、工厂选址与布局、产品设计和系统设计等。

两个月到一年的中期计划一般用于指导当年的总体生产安排，包括效率目标、开班模型、产量分析、库存规划、外包需求和待发货订单的处理等。

而两个月以内的短期计划，就是基于订单需求的详细排程，包括设备负荷、排班计划、库存设定、订单批量、交货期和生产进度等，如图2-10所示。

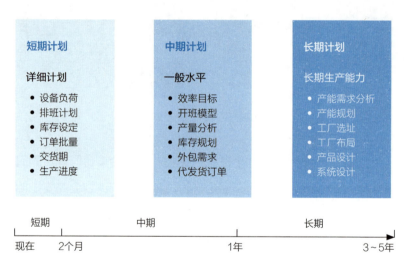

图2-10　从短期计划到长期计划

信息共享：全链信息可视化

信息共享、同步运作是敏捷供应链的前提条件，因为需求响应的周期非常短，如果还靠一个环节一个环节地传递信息，再挨个环节依次动作，整个订单交付周期就会很长。所以，敏捷供应需要最前端的信息及时同步到供应链所有环节，包括研发、生产和供应商的同步运作。此外，供应链里所有环节的进程信息也要同步给其他环节，这样一旦出现异常，相关环节就会马上响应，预见并降低供应链各环节的不确定性。整条供应链是一个有机体，各环节基于相同的实时信息协同运作。

另外，企业的三大业务流程——客户开发流程、产品开发流程和订单执行流程，也要实现三轴集成、三轴联动，并且通过供应链信息集成平台，让三条轴上的信息可视化。

1 销售可视化

销售信息是供应链的驱动力，拉动研发、生产、供应商等环节实时响应，主要包括销量信息和订单需求信息等。销售信息可视化就是利用信息技术、报表等手段，把散落在各个终端销售点、各流通环节的销量信息，按产品类别、客户类别、地区、渠道等方式，经过系统加工处理后，以可视化的形式实时共享到全供应链。

最前端的某个型号的产品销售数据一旦有异动，系统就会做出需求初步预测，并提醒需求预测部门进行判断，然后就会把这个预测信息分发给供应链各环节。供应商和生产部门会据此提前准备生产，当正式订单下达时，就可以立即交付。只有对销售信息如此敏感，才能以远远短于生产周期的响应时间来极速交付产品。

需要强调的是，企业不单要关注自己的直接销售数据，还要关注客户的客户的销售数据。例如，发动机连杆厂需要关注发动机厂的销售情况，还要关注整车市场的情况，这样才能提前主动地应对销售异动。

2 客户可视化

客户关系管理（CRM）既包括前期的商机管理，也包括后期的客户服务支持，是客户全生命周期管理的工具。客户可视化就是要把全过程的客户交互信息，以恰当的方式共享给供应链。

前期的商机信息管理对敏锐捕捉消费动向，进行前瞻性的产品开发至关重要。很多时候，最好的产品创意不是企业自己想出来的，而是来自客户和消费者。所以说，客户是供应链最宝贵的资源。

而后期的持续性客户支持服务也是获取产品需求动向和产品

改善要求的重要渠道。企业要善于利用这些客户反馈的真实使用信息，从而帮助供应链更好地去做下一代产品开发、产品改善和服务改善。

3 S-P-I可视化

上一章讲销售预测时已经谈到S-P-I可视化，它是综合了销售信息、生产信息和库存信息的决策性支持数据。其主要作用是企业根据销售预测，做好库存规划，从而指导生产系统做好补货计划。同时，通过控制好S-P-I数据，可以有效削减库存，让供应链低成本、高效率运作。

4 制造过程可视化

制造过程的信息可以通过制造执行系统（MES）来实时反映。在企业里，通常只有生产部门在监控这些制造过程数据，并且及时处理异常情况。但在敏捷供应链里，销售部门也要实时关注生产进度，并且让客户也可以实时掌握生产进度。反过来，生产管理部门也要通过可视化手段去关注关键供应商的制造进度，若有异常可即时支持或调整计划。

5 产品开发可视化

敏捷供应，即要求主机厂和供应商进行新产品协同开发，这就需要各单位将产品开发进度信息实时共享给其他单位。另外，销售部门需要掌握新品开发进度信息，制订上市推广计划。开发过程中，企业还要借助可视化平台随时与客户进行互动，让客户参与到产品开发的交互中，确保产品跟客户需求的匹配性。

生产部门也要实时掌握新产品开发信息，同步做好设备、工艺、人员等生产准备，尽可能缩短产品诞生周期。如果发现工艺条件不满足产品生产要求的情况，需要及时与研发部门沟通协调，避免试错成本。同时，生产计划部门也要根据产品开发进度来安排新品导入，制定生产爬坡曲线。

6 经营绩效可视化

有了所有的销售、产品、生产信息后，供应链的交付、成本、质量、服务水平等经营绩效指标也可以实现可视化了。大家通过关注这些指标来发现问题、解决问题，不断改善供应链绩效。

安定化：精准计划的前提

　　敏捷供应的前提条件是安定化生产，包括现场安定化、人员安定化、设备安定化、供应安定化和质量安定化，如图2-11所示。如果连安定化生产都做不到，各环节异常状况频发，就根本无法实现敏捷供应。首先，异常问题多，产品交付周期就会长，企业无法快速交货。其次，生产计划无法顺利执行，计划达成率低，这又导致计划无法做到精准，从而无法准确承诺客户交付日期。所以，安定化生产是精准计划和敏捷供应的前提，企业必须练好内功，才能谈敏捷。

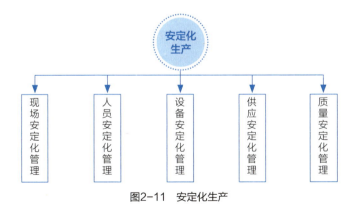

图2-11　安定化生产

1 现场安定化管理

现场安定化管理是最基础的要求，也就是我们平时所说的5S或者6S管理，如图2-12所示。整理、整顿、清扫、清洁、素养、安全，相信很多企业的员工都能背出来这几个词。这几个词看起来简单，但是真正能做到的企业少之又少。有些企业认为这些东西太虚，只要把订单干出来就行，其他问题都不重要；有些企业也认同现场管理重要，但又会给自己找很多借口，如员工素质低、工厂老旧、生产任务忙等。

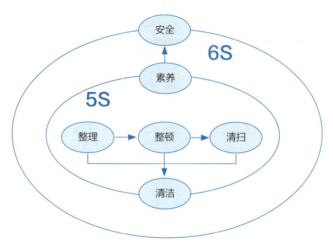

图2-12 现场安定化管理

举个例子，最简单的"三定管理"（定置、定位、定量）如果没做好，员工需要花很多时间来找物料、找工具，还容易拿错，在这样的生产现场工作，效率能高吗？质量能好吗？换句话说，如果企业连这么基础的工作都做不好，还期望它能做出什么好产品！

实际上，想要推行5S，也并没有想象中的那么难，清理不要的物品难吗？目视化管理难吗？看板管理难吗？其实都不难，只是很琐碎，而且需要员工养成习惯并长期坚持。推行的手段包括检查评比机制、改善激励机制等，有不少企业也推行成功了。现场管理成了企业现代化和敏捷转型的一项先行工作。

2 人员安定化管理

企业的根本是人，如果人员不稳定或者员工不能胜任岗位，生产异常就会多。人员安定化管理包括岗位安定化、技能安定化和作业安定化，如图2-13所示。

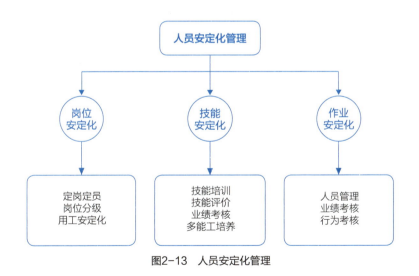

图2-13　人员安定化管理

岗位安定化指的是定岗定员，并且岗位分级合理、清晰，不会随意设置岗位或者岗级。另外，用工政策也要稳定，尽量做到有规律、有规划。技能安定化就是通过技能培训、技能评价、业绩考核和多能工培养等手段，提高员工的技能水平。作业安定化是指通过人员管理、业绩和行为考核来保证员工标准作业。

3 设备安定化管理

设备安定化是制造型企业的关键控制点，坏了再修的管理方式已经满足不了敏捷供应的要求。当出现设备故障时，要进行科学、彻底的成因分析，而不仅仅是"救火"。只有通过预防、改进才能不断提高设备可动率，如图2-14所示。

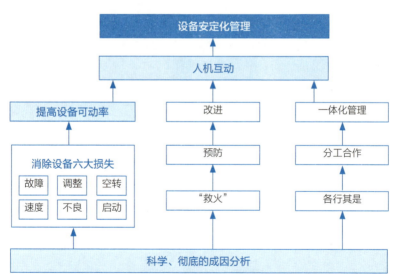

图2-14　设备安定化管理

另外，越来越多企业导入全员生产维护（Total Productive Maintenance，缩写为TPM），发动全体员工来管理设备，而不只是将责任推给设备部门。它是以提高设备综合效率为目标，以全系统的预防维修为过程，全体人员参与到基础的设备保养和维修管理体系。

全员生产维护（TPM）强调五大要素：

——致力于设备综合效率最大化的目标。

——在设备一生建立彻底的预防维修体制。

——由各个部门共同推行。

——涉及每个雇员，从最高管理者到现场工人。

——通过动机管理，即自主的小组活动来推进。

4 供应安定化管理

供应安定化管理包括供应商到货及时和供应质量稳定。供应链是团队作战，任何一个环节出了问题，都会导致最终的交付不及时。我们需要把供应商当成自己的工厂来管理，针对供货问题，只做好统计分析，并且发起精益项目来跟供应商一起做改善，如图2-15所示。需要强调的是，供应商管理绝对不只是采购部门的事，各部门都要参与进来，进行跨部门作战，比如研发部门主要在工艺技术上给予支持，生产部门主要进行经验推广，质量部门帮助供应商提高质量管理水平等。

图2-15 供应安全化管理

5 质量安定化管理

质量安定化管理同样也是基于发生的问题，利用各种质量管理工具进行统计分析，找到改善点并实施。有些企业导入了全面质量管理（Total Quality Management，缩写为TQM），它是指一个组织以质量为中心，以全员参与为基础，目的在于通过顾客满意、本组织所有成员及社会受益而达到长期成功的管理途径。

全面质量管理有以下五个特点：

全面性：是指全面质量管理的对象，是企业生产经营的全过程。

全员性：是指全面质量管理要依靠全体职工。

预防性：是指全面质量管理应具有高度的预防性。

服务性：主要表现在企业以自己的产品或服务满足用户的需要，为用户服务。

科学性：全面质量管理必须科学化，必须更加自觉地利用现代科学技术和先进的科学管理方法。

最强大脑：
即时承诺交期、即时报价

　　供应链管理有三大支撑：组织、流程、系统。成熟的供应链三条"腿"都会很强大，三条"腿"互相促进，组织、流程和系统都会越来越成熟。而发展未完善的供应链则会有短板，这时候三者是互补关系，靠相对强的那条"腿"来支撑供应链运转。例如，没有完善的信息技术系统，就要靠流程的规范性和相对繁杂的操作来弥补；如果流程也不完善，那就只能依靠强大的组织能力来做保障，对人的依赖性很高。相反，如果企业的信息技术系统很完善，各环节只需要"傻瓜式"的操作，对员工的要求就会相对较低，只需要员工有责任心、接受过简单的培训即可满足岗位要求，而不需要员工个个都身经百战，靠经验来完成工作。

　　但是，中国的企业大部分都还没有成熟的信息技术系统，有些上规模的企业也尝试过使用系统，但很多都失败了。一方面，企业内各环节的流程、逻辑还没梳理好，数据采集也不完善，购买标准化、模块化的系统不一定能适合企业的实际情况，而根据企业尚不完善的流程来开发系统，肯定也不会运行得好。另一方面，中国人非常聪明、灵活，系统还不完善的时候，大家做的不是不厌其烦地反馈问题、促进系统完善，而是绕开系统，用人工的办法保证流程运行。这样，系统一上来没多久就"夭折"了，彻底成为摆设，以后有人问起这个系统的情况，都只有一句："这个系统太垃圾了，用不了。"

近年来，企业信息技术系统发展很快，企业高层人员也越来越意识到系统的重要性，也意识到使用系统不是一朝一夕的事，而是需要经过一个相对痛苦的过程。对于敏捷供应链来说，信息技术系统必不可少，前面讲到的全链信息可视化需要信息技术系统的支持，这一节讲的智能辅助运算更离不开信息技术系统，比如物料需求计划（Material Requirement Planning，缩写为MRP）、高级计划与排程（APS）、即时承诺交期和即时成本估算等。

1 即时承诺交期、即时报价

这里给大家分享一家制造企业的信息技术系统规划图，包含前端的客户关系管理（CRM）系统、中端的资源计划管理（ERP）系统和制造执行系统（MES）、后端的供应商关系管理（Supplier Relationship Management，缩写为SRM）系统，还包括研发领域的产品生命周期管理（Product Lifecycle Management，缩写为PLM）系统，如图2-16所示。这些系统通过接口连接在一起，共同构成敏捷供应链的一部分。

我们可以看到，通过实时销售管理（POS）模块收集到的最前端销售信息，转化成客户需求预测信息，连同客户订单信息

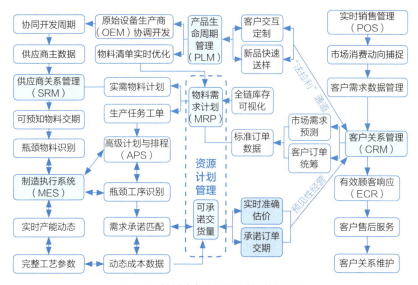

图2-16 某制造企业信息技术系统规划图

一起生成供应链标准订单数据，输入资源计划管理（ERP）系统。另外，前端采集的消费数据还能帮助企业捕捉、分析、判断市场的消费动向，输入到研发系统中，由产品开发部门人员进行快速开发。此外，在产品开发过程中，企业还能够通过客户关系管理（CRM）系统与客户进行实时交互，明确实现客户的需求。客户关系管理（CRM）系统还有个最重要的模块，就是客户全过程服务和支持。客户在使用产品过程中，可以随时反馈问题和意见，并且将这些信息及时传递给生产部门或研发部门进行改进。另外，企业也可以通过客户关系管理（CRM）系统调动相应部门来给客户提供售后服务，维护客户关系。

订单需求信息进入资源计划管理（ERP）系统后，一方面通过物料需求计划（MRP），发出信息，并且通过供应商关系管理（SRM）系统来进行供应商供货管理；另一方面，通过高级计划与排程（APS）模块，辅助编制生产计划，并且给各车间分发生产任务工单。制造执行系统（MES）则对整个生产过程进行实时调度和监控，出现异常时及时报警。在系统的支持下，生产系统可以综合所有设备的产能动态信息、工艺流程信息、物料齐套信息，做出效率最高、成本最低的生产安排，同时根据各项监控指标的运行情况，及时调整安排，保证生产任务的及时完成。

有了全链打通的信息技术系统，各环节信息可以汇集在一起，并且有一个强大计算能力的"大脑"，有稳定执行、自我调整的体系能力，企业在接到订单时，就能即时承诺交期和即时报价。这里有三个要点：

（1）信息打通　销售、研发、生产横向信息要打通，客户、企业、供应商之间的纵向信息也要打通，只有让系统掌握到最全面的信息，才能做出正确的判断。

（2）计算能力　当供应链较复杂的时候，尤其是产品类别多、零部件种类多、工艺路线复杂的时候，计算量会非常大，需要系统有强大的计算能力，这样才能快速算出交期和成本。

（3）安定化生产　生产不稳定、质量状态不稳定、物料供应不稳定，就算系统计算能力再强也没有用，因为不能顺利实现生产指令或者生产成本不可控。

只有以上三个方面的条件都做到了，我们才能实现即时承诺交期和即时报价。这种即时回复客户的能力，是敏捷供应链最核心的优势，因为敏捷供应链就是要靠服务水平取胜——快、透明、个性化。

图2-17展示了各信息技术系统模块之间的相互关系。

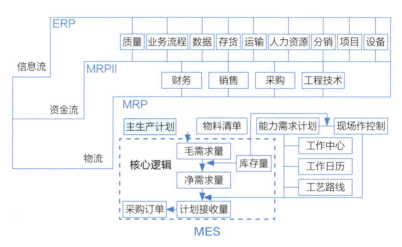

图2-17　各信息技术系统模块之间的相互关系

2　主生产计划

在敏捷供应中，生产计划最关注的是快速交付，但这并不意味着敏捷供应就不考虑均衡性、效率和成本。在满足客户期望交期的前提下，仍然要保持计划的稳定性。对于需求稳定的产品，甚至可以适当规划库存，以保证快速交付能力及生产的均衡性。但是，库存规划是动态的，需要根据市场需求和顾客订单进行动态调整。本月的计划产量取决于有多少订单，再结合预测的需求量和计划的库存，然后减去期初的库存就是本月需要生产的量，如图2-18所示。

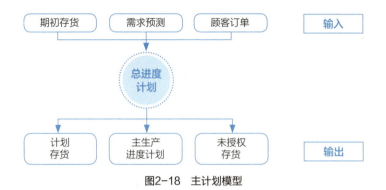

图2-18　主计划模型

虽然说敏捷供应柔性很高，但计划变更具有破坏性，会产生不必要的损失。我们要做的是不断缩短计划冻结区，而不是不要冻结区，从而取得柔性和稳定性之间的平衡。我们需要在排产系统里设定好时间围栏，也就是冻结区、例外改变区、完善区和宽松开放区的时间，如图2-19所示。

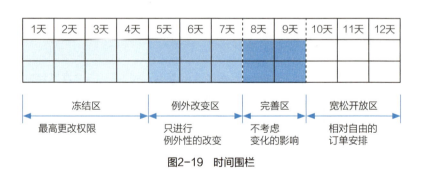

图2-19　时间围栏

在冻结区里的日期一般是不能再改了，因为变更的成本很高，除非有极特殊的情况，但这需要企业最高更改权限。例外改变区只进行例外性的改变，也需要一定权限才能更改，这时候的变更会有一定成本，因为物料已经备好，其他生产准备也可能已经开始，改变生产顺序会带来额外成本。完善区和宽松开放区可以相对自由地进行订单安排，一般不需要考虑变化的影响。

将这个设置输入系统后，系统就会按照这个逻辑来排产，当需要变更时，系统会提醒需要相应权限来审批。主计划排好并经过人工确认后，就会进行小日程计划的编制，把各车间、各产品型号的周计划、日计划排出来，如图2-20所示。系统需要考虑库存数据、生产能力和前置时间等因素，它会进行自动运算，排出最优顺序。

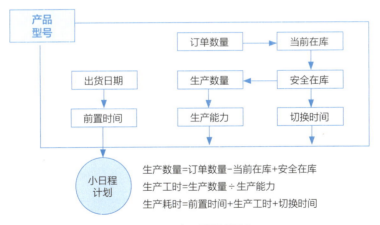

图2-20　小日程计划编制

3　生产能力需求计划

生产能力需求计划是确定短期生产能力需求的过程，通过事前确认和调整，使短期生产计划保持稳定性，避免短期计划变更造成不必要的损失甚至混乱，如图2-21所示。

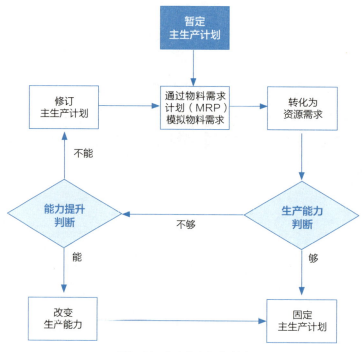

图2-21　生产能力需求计划

　　生产能力的把握主要包括人员能力和设备能力的识别，但人员能力提升要以确保设备能力为前提，如图2-22所示。人员能力包括出勤时间、有效运转率和人员配置。如果需要提升人员能力，可以通过延长出勤时间、提高有效运转率或者增加作业人员的方式来实现。设备能力包括设备循环时间、设备可动率和设备

- 设备循环时间
- 设备可动率
- 设备数量

- 出勤时间（总工时）
- 有效运转率
- 人员配置

人员能力提升以确保设备能力为前提

- 缩短设备循环时间
  （工艺改善）
- 提高设备可动率
- 增加设备数量

- 延长出勤时间
  （增加工时投入）
- 提高有效运转率
- 增加作业人员

图2-22　生产能力把握

数量。同样，如果需要提升设备能力，可以通过工艺改善来缩短设备循环时间、提高设备可动率或者增加设备数量。

　　生产能力数据同样需要输入系统，包括正常能力和最大能力。正常能力指的是正常的人员配置和出勤时间，再考虑正常的设备可动率和有效运转率，计算出来的能力。最大能力是指配置足够的人员，发挥设备最大能力，满负荷生产时的能力。系统会根据订单情况来决定如调配生产能力，以最小的成本来满足订单交付。

　　另外，我们还需要把优先排序方法输入系统，让系统按照这些优先级来做订单生产排序。这些方法包括按订单出货顺序、按客户等级、产能平衡、按订单大小和闲置最小化等，见表2-1。

每个企业采取的优先级策略不一样，敏捷供应一般会把保证客户满意度放在最高优先级，确保交期。

表2-1 产能运用的排序原则

优先排序方法	优点	缺点
1. 按订单出货顺序	• 避免缺货损失	• 有时生产效率低
2. 按客户等级	• 整体效益保证	• 影响局部客户关系
3. 产能平衡	• 避免缺货风险	• 有时客户满意率低
4. 按订单大小	• 生产效率高	• 有缺货风险
5. 闲置最小化	• 减少工时损失	• 有缺货风险

4 物料需求计划

企业信息技术系统是从物料需求计划（MRP）发展而来的，如今MRP模块依然是系统的核心逻辑（图2-23）。它从预定日期开始，把产成品需求转换成组件和零部件的需求，用于确定生产提前期、作业计划和订货安排，以确保出货并控制库存规模。它针对非独立需求的订货及时间安排，即来自特定产品制造计划的需求，如原材料、零部件、组件等的需求。独立需求是指产成品需求，具有一定的随机因素，需要用客户关系管理（CRM）系统来管理。

物料需求计划（MRP）最主要的作用就是计算物料净需求，即根据主计划生成的、必须予以实际满足的需求，公式如下：

物料净需求=总需求＋安全库存 － 在途订货 － 期末库存+

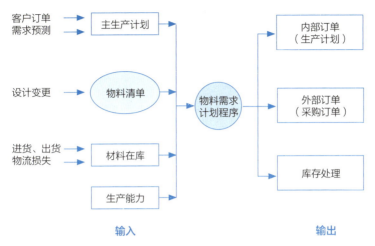

图2-23　物料需求计划在生产运作中的位置

非正常消耗

　　总需求：不考虑库存持有量，由主计划确定的某一时期的物料需求。

　　在途订货：根据已发出订单在路途上的物料数量。

　　预期库存：期末库存+在途订货。

执行管理：制造过程可视化

制造过程可视化是供应链信息可视化的重要组成部分，前面也已经提过，本节将从生产进度管理、进度挽回计划、生产异常应对等方面进一步讨论制造过程的执行管理。如果说把实时销售管理（POS）、客户关系管理（CRM）看作神经末梢，把销售预测、生产计划看作大脑，制造过程执行管理就是强有力的四肢。产品最终交付还是要靠物料供应、生产制造来实现。执行管理就是要保证制造过程按照计划进度来执行，出现异常及时调整，并且通过不断改善来提高整个生产体系的执行能力。制造过程执行管理包括作业管理、工时管理、质量管理、效率管理和成本管理等多个方面，如图2-24所示。

1 生产进度管理

生产进度管理是制造部门的主体业务之一，从生产班组、生产工段到生产车间、制造部都是如此。过去生产进度用作业日报、进度传票等方式来进行进度统计，现在这些工具大多已实现信息化，从电子表格到物料需求计划（MRP）系统、资源计划

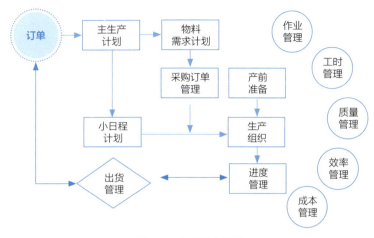

图2-24　订单执行管理

管理（ERP）系统，但其本质和逻辑还是一样的。各工序间的生产进度传票、物料移动的进出库传票、生产日报、周报以电子形式进行收集、统计、分析。生产效率、质量、成本等指标会以折线图、柱形图等形式来进行可视化推移管理，各级管理者可以很直观地看到各指标的变化趋势。另外，现场或者控制中心还可以制作实时更新的电子管理看板、总进度管理看板，当然，销售、采购等部门及客户也会在电脑、手机上看到有关产品生产进度的信息。

　　制造执行系统（MES）会实时监控各项进度、指标的信息，出现异常时会发出报警，提醒管理人员进行判断和处理。如果进度滞后，则系统将目前情况与生产计划、出货计划进行比对，判断对后续环节的影响，并且做出相应的异常应对：是采取进度挽回计划、计划顺延还是取消订单，如图2-25所示。

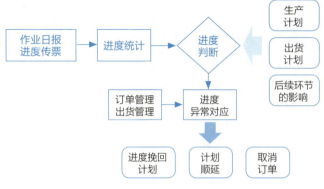

图2-25 生产进度管理

进度滞后的原因有很多，如订单变更频繁、计划安排不合理、生产能力不平衡、物料供应不足、设备效率低下、生产能力不足、需求不稳定、质量不稳定等（见表2-2）。以下是各问题的应对方法。

（1）订单变更频繁 解决的对策主要是通过提高生产能力、缩短紧急生产周期、改善生产组织等手段来提高应变能力。VUCA时代，订单变更不可避免，企业能做的只有提高自身生产系统的柔性。

（2）计划安排不合理 此处主要是指人为计划变更，它可以通过提高合理编制计划的能力、加强跨部门沟通、动态把握生产能力来避免。另外，信息技术系统的完善也会帮助企业减少计划安排方面的问题。

（3）生产能力不平衡 这就需要企业动态地把握生产能力，并且不断改善，包括线平衡改善和削减中间在库。

表2-2 进度滞后的成因分析及对策

进度滞后的原因	进度滞后的对策
订单变更频繁	☆ 提高生产能力 ☆ 缩短紧急生产周期 ☆ 改善生产组织，提高应变能力
计划安排不合理 （认为计划变更）	☆ 提高合理编排计划的能力 ☆ 加强跨部门沟通 ☆ 动态把握生产能力
生产能力不平衡	☆ 生产能力把握及改善 ☆ 线平衡改善 ☆ 削减中间在库
物料供应不足	☆ 改善物料供应
设备效率低下	☆ 加强自主维护（制造部门） ☆ 加强计划维护（设备维护部门） ☆ 推进重点设备的个别改善 ☆ 综合设备效率管理（跨部门）
生产能力不足 （能力—负荷不平衡）	☆ 生产能力调整 ☆ 订单需求调整 ☆ 业务外包 ☆ 滚动能力把握
需求不稳定	☆ 对付不稳定需求的策略
质量不稳定	☆ 重点工序质量改进活动 ☆ 加强标准化作业管理 ☆ 加强预见性质量管理 ☆ 完善质量保证体系

（4）物料供应不足　需要改善供应商的供货能力，必要时深入供应商进行帮扶，把它当成自己的工厂来管理。

（5）设备效率低下　一方面，制造部门要加强自主维护；

另一方面，设备维护部门需加强计划性、预防性保养维护，还要进行跨部门的综合设备效率管理，推进重点设备的个别改善。

（6）生产能力不足　这就需要调整生产能力或者调整订单需求，必要时可以进行业务外包来临时增加生产能力，并且做好滚动能力的把握。

（7）需求不稳定　在VUCA时代，需求不稳定可能是常态，企业一方面要增加自身柔性，另一方面也可以通过营销策略来适度影响客户需求。

（8）质量不稳定　应对的措施包括重点工序质量改进活动、加强标准化作业管理、加强预见性质量管理以及完善质量保证体系等。

需要强调的是，进度滞后问题需要标本兼治，解决问题的过程就是提高能力的过程。我们要直面现实，有问题才说明我们可以做得更好，关键是要尽快地、有效地分析问题、解决问题，并且防止再发。企业要用专业眼光至现场发现问题、量化问题并从根本上解决问题，从而不断提升能力。同时，生产计划与进度控制需要跨部门作战，销售、计划、制造、物料调度、采购、质管、维护等部门都要参与进来，共同提升供应链能力，如图2-26所示。

图2-26　生产计划与进度控制中的跨部门作战

2 进度挽回计划

生产异常不可避免，出现异常不代表一定影响准时交货的进度，制订明确的进度挽回计划是确保准时交货的关键。所以，出现问题时，不要轻易放弃目标，而是要坚定执着地寻找解决问题的措施，力争挽回进度。

在制订进度挽回计划时，企业需要更严密地策划，制订好每一步的小目标，并且做好过程管理，及时提交过程报告。举个例子，某个工艺流程出现了设备故障，导致进度滞后，想要在后面工序追回受影响订单的出货进度，就要精细地计算后面每个工序的最快通过时间，细分到各个子步骤。允许调顺序的就调顺序，不能调顺序的要尽量压缩生产周期，并且监控好每一步的完成情况，确保不再出现异常，因为再次调整的空间已经非常小了。

在制订进度挽回计划时，可能涉及时间—成本平衡问题（图2-27）。如果以确保按时交货为目标，可能需要加大资源投入，包括人力投入、资金投入和设备满负荷运转。但如果以控制成本为目标，就可能需要加大时间投入，假如能力不变，订单正常运转，交货时间可能会顺延。在敏捷供应中，确保按时交货肯定是第一目标，在满足承诺交期的前提下，可以考虑控制成本。

图2-27　时间—成本平衡法

3 生产异常应对

应对生产异常需要建立掌握机制和反应机制，通过可视化手段实时掌握信息，借助系统快速进行响应。另外，企业对于交期延误的原因不要轻易放过，要深入追查原因，从每一次延误中学习并改善。

生产异常的掌握机制包括：①建立异常情况及时呈报机制；

②将生产实际情况与计划预定对比以了解并掌握现状；③设定异常水准以判断流程是否异常；④运用目视管理以迅速获得异常信息；⑤设定异常表单以利异常报告机制运作；⑥会议检讨，以使异常问题凸显；⑦定期对生产资讯进行统计、分析，以期发现潜在的异常。

生产异常的反应机制包括：①订单内容不明确或订单内容变更应及时反应或修正；②交期安排或排期异常应用联络单等方式及时反馈至销售或生产管理部门；③生产指令变更应以生产变更通知及时提出修正；④生产中的异常已影响品质或达成率时，应立即发出异常报告；⑤其他异常，如故障、待料等，可能造成不良后果时，应立即发出生产异常报告。

交期延误的原因一般包括：接单管理不良，紧急订单多；产品技术性变更频繁；物料计划不良；制程品质控制不良；设备维护保养欠缺；排程不佳；能力、负荷失调等。

相对应交期延误的改善原则包括：加强产销配合；完善设计/技术变更规范；拥有妥善的制程安排；完善物料控制；完善品管制度；建立及实施生产绩效管理制度等。

第三章

敏捷制造，快速交付

缩短距离，
极限压缩交付周期

    敏捷供应链最重要的竞争优势是速度，即最快地满足消费者的个性化需求，及时提供消费者所需的产品和服务。在传统企业运作方式中，从接受订单到成品交付是一个漫长的过程：首先，企业要将所有的订单信息集中汇总到计划部门，由计划部门分解任务，从采购原材料开始，从前到后按工艺流程完成订单生产，除了必备的作业时间，中间不可避免地产生诸多等待现象。企业如果按敏捷供应链观念组织生产，其独特的订单驱动生产组织方式，在敏捷制造技术支持下，可以使企业最快响应客户需求。敏捷供应链增加了对市场反映的灵敏度，通过供应链上多个合作企业的信息共享，可以全方位地对市场情况做出响应，因此提高了企业的反应速度。同时，由于各个企业都专心于自己的核心优势，可以减少产品的生产与物流时间，实现供应链的即时销售、即时生产和即时供应，将消费者的等待期限降到最低。

1 缩短产品开发周期

敏捷供应满足的是个性化需求，现有产品可能无法直接交付，往往需要进行产品开发，哪怕是简单的改型设计，也需要一定的产品开发周期。实现快速响应客户的个性化需求，产品开发周期是其关键一环。

产品开发周期一般包括四个阶段：产品策划、产品设计、产品试制和产品量产。我们需要像管理制造流程一样来管理新产品的开发流程，把流程明文化。制订新产品开发计划，输出开发步骤管理表，将新产品开发流程纳入时间坐标。当然，不同开发等级的产品，所需要的开发时间是不一样的。A级设计是全新产品的开发，需要的各阶段周期都最长，而D级设计只是局部的个性化定制，甚至不需要策划阶段，只需简单设计就可以进入试制和量产阶段，如图3-1所示。

图3-1　新产品开发周期

缩短开发周期很重要的一个要点是前期就要组建跨部门团队，甚至让客户和供应商参与到开发阶段。项目启动后各部门同步充分介入，各司其职地开展本领域工作，把各种潜在的问题扼杀在摇篮中，共同为产品成功上市负责，从而从整体上降低了产品开发周期。这也是并行开发技术的理念，它是指并行地集成设计、制造、市场和服务等资源，对产品及其相关过程（包括制造过程和支持过程）进行并行、一体化设计的系统化方法，如图3-2所示。并行工程强调各阶段、各领域的专业人员从一开始就共同参与设计，其考虑的因素包括：同时考虑产品生命周期的所有因素（可靠性、可制造性）；同时生成设计规格、制造工艺和生产准备文件；各设计活动并行交叉进行；全过程、跨专业人员共同工作；全因素在设计阶段集成；技术、资源、过程在设计中集成。

　　另外，我们还可以用逆算营销手法来设计和优化企业的产品

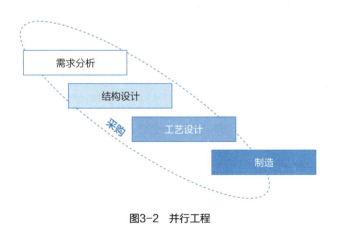

图3-2　并行工程

开发流程，如图3-3所示。简单来说，就是以新产品上市日或者交付日为期限，推进产品策划、设计、试产等阶段。

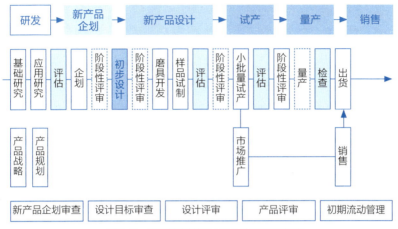

图3-3 用逆算营销手法优化产品开发流程

2 让前置时间趋近于零

前置时间是根据期望获得的时间，考虑采购、生产能力、前工序、运输等环节的时间因素而进行业务安排的时间提前量。一般在没有任何说明的情况下，前置时间是指从客户处接到订单的瞬间，到调集材料部件、切换、加工组装后送到客户处为止经过的时间。实际上也可以理解为产品的交付周期，它包括订单处理、采购下单、供应商备料、运输、来料检验、原料储存、搬运、产品加工、检验、成品存储、出库、贷款回收等周期，如图3-4所示。

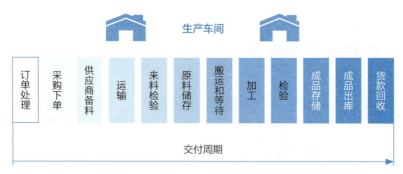

图3-4　产品交付周期

让前置时间趋近于零，即消除供应链内部的浪费，也就是消除"时间浪费"。产品要在客户有需求时才开始生产，短时间迅速生产、销售，收回货款。另外，企业还要做好信息及信息系统的管理，让信息传递能够及时、准确，各个环节协同运作。当然，前面的产品开发周期也要缩短，这样才能最终实现前置时间趋近于零。

我们说的产品交付周期是指从接收到订单到货物送达客户所需的时间，而不只是生产周期或采购周期。在传统企业里，生产部门往往只关注生产周期，即从下达生产计划到结束生产所需的时间，而采购部门只关注从发出订单到接收到货物所需的时间。发生延迟交付时，各部门互相推诿，生产部门说是因为物料未及时到货，采购部门说是因为仓库和质检部门检验入库不及时，质检部门说供应商来料质量差，采购部门又反说计划部门未及时提交物料需求计划，导致供应商生产时间不足。

这种情况就需要有专门的供应链管理部门，统一制定各环节的绩效衡量标准，并且监控考核，促使各部门不断提高业务水平。只有每个环节都把处理周期压缩到最短，并且不给其他环节造成额外影响，总的交付周期才能降下来。

3 实例：某制冷配件厂紧急交货周期分析

接下来，我们来看一个实例，分析一下如何缩短紧急交货周期。图3-5是一个制冷配件厂的紧急交货周期分析。从接到订单到交货，客户要求的正常交货周期是120小时，紧急交货周期是72小时，而按企业目前的能力所能实现的交货周期是84小时，其中编制计划是并行动作。

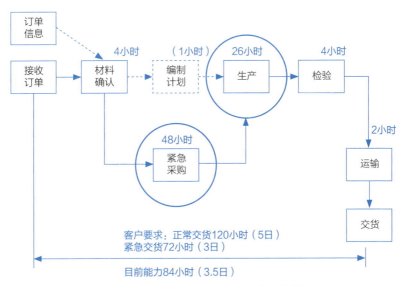

图3-5 实例：某制冷配件厂紧急交货周期分析

从图3-5可以看到，其中最大的瓶颈是紧急采购周期长。进一步分析可以发现，其中铁板是短缺材料，可控成分小，唯一的对策就是开发产能相对充裕的新供应商。而铜管有两家供应商，其中一家在浙江，正常供应周期需要48小时；另一家在广州，正常供应周期在8小时左右，两家供应能力都不足，供需关系也都一般。可以考虑的做法是，尽量提高广州供应商的份额，提升本企业在它内部的客户等级地位，至少保证紧急供货的份额都能得到满足。企业应与浙江那家供应商继续保持合作关系，正常供货周期的份额仍然分给它一部分，并且改善跟它的供需关系。

第二个瓶颈是关键工序生产周期长，其中炉焊需要16小时，钎焊需要6小时。需要与生产工艺部门、工业工程部门一起，成立专项攻关小组，利用工艺改善技术、工业工程分析等手段，把生产周期缩短。

从这个案例可以看出，满足正常交货周期只是正常履行合同，对提升企业竞争力帮助不大。紧急交货周期才是企业真正实力的展现，紧急交货周期决定企业的竞争力优势和机会损失。但要提升紧急交货能力，需要采购、生产、工业工程等各部门通力合作，利用工业工程、关键路径分析等技术来不断改善。

柔性管理：
动态组织机构

敏捷供应链处于竞争、合作、动态的市场环境中。市场存在不可预测性，快速响应市场变化是敏捷供应链的要求。因此，企业必须坚持敏捷性原则，从供应链的结构、管理与运作方式、组织机制等方面提高供应链的敏捷性。

1 快速重构和调整的动态联盟

由于市场的变化和不可预测性，要求有效运作的企业组织具有灵活的动态性，根据市场的需要及时对企业组织结构进行调整或重组。

动态变化的组织结构形成虚拟组织，动态联盟要求各个企业能用一种更加主动、更加默契的方式进行合作，充分利用供应链上各个企业的资源，使整条供应链保持良好的组织弹性和迅速的市场需求响应速度。敏捷供应链突破了传统组织的实体有界性，在信息技术的支持下，由核心企业根据每一张订单将若干相互关联的厂商结成虚拟组织，并根据企业战略调整和产品方向转移重新组合、动态演变，以随时适应市场环境的变化。

举个汽车行业的例子，2019年12月，中国一汽与阿里巴巴在长春签署战略合作协议。双方以斑马智行系统为基础，打造面向未来的下一代智能网联汽车。中国一汽和阿里巴巴这两个在以前看来是"八竿子也打不着"的企业，竟然也走在了一起。

智能网联汽车这个新的市场风口，使传统汽车企业和互联网公司结成了战略合作伙伴。根据协议，阿里云将以国内外云基础设施为支撑，支持中国一汽全球数字化基础设施建设，通过数据智能技术助力其产品研发、市场营销、用户服务和运营的提升。同时，斑马网络将基于技术及生态开放平台，提供智能座舱解决方案。双方也将推动行业建立自主可控的智能网联车载操作系统，共同打造面向未来的出行服务生态圈。

其实，国家也在鼓励整车及零部件、互联网、电子信息、通信等领域企业组成联盟，以新型车载操作系统开发与应用为核心，通过迭代升级，提升操作系统与应用程序的安全性、可靠性、便利性，形成开放共享、协同演进的良好生态。

2 水样组织：柔性管理技术

在复杂多变的时代，企业组织也要像水一样，适应变化、包容创新，如图3-6所示。敏捷供应链观念摒弃单纯的"胡萝卜加大棒"式刚性管理，强调打破传统的严格部门分工界限，实行职能的重新组合，让每个员工或每个团队获得独立处理问题的能力，通过整合各类专业人员的智慧，获得最优决策。出现问题时不但从业务层面和微观运营方面进行微创新优化，同时也要从顶层设计进行思考、判断和创新优化，建立天性应变的自组织力。

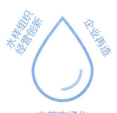

水样组织·一体化运营

- 去行政化
- 去职能化
- 去中心化
- 去管理化
- 去关键绩效指标（KPI）化
- 用愿景引领
- 用梦想导航
- 让业务管理来驱动员工管理
- 重视与客户一体化
- 增强员工幸福感

水样组织经营创新　企业再造

内部市场化

图3-6　水样组织

　　柔性管理的第一个特点是组织结构扁平化和网络化。组织结构是从事管理活动的人们为了实现一定的目标而进行协作的机构体系。刚性管理下的组织结构大多采取的是直线式的、集权式的、职能部门式的管理机构体系，强调统一指挥和明确分工。而在水样组织中，"管理无边界，企业无领导"，员工角色会因需而变。这种组织的特点是有组织无结构，天性应变，往往采取的是项目化无界工作，如图3-7所示。

　　第二个特点是管理决策的柔性化。在传统的刚性管理组织中，决策层是领导层和指挥层，管理决策自上而下推行，组织成员是

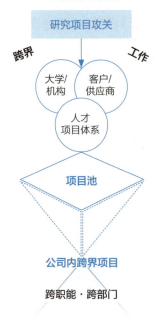

图3-7 项目化无界工作

决策的执行者，因此决策往往带有强烈的高层主观色彩。柔性决策中的决策层包括专家层和协调层，管理决策建立在信任和尊重组织成员的基础上，经过广泛讨论而形成。与此同时，大量的管理权限下放到基层，许多管理问题都由基层组织自己解决。而且，员工参加组织决策及各项管理工作，上下级处于平等地位讨论重大问题时，员工会感受到信任，体验到自我价值与组织发展密切相关而产生的责任感。

第三个特点是组织激励的科学化。为了充分调动组织成员的积极性、主动性和创造性，实行科学的激励方法是柔性管理的重要组成部分。柔性管理认为，激励是对组织成员的尊重、信任、关心和奖励的全面综合，激励分为物质激励和非物质激励，在实施时要充分把二者相结合。物质激励属于基础性的激励办法，能满足组织成员的低层次需求，却无法在激励中发挥更大的作用。然而，企业让员工参与决策和管理，可以为员工提供了一个取得别人重视的机会，使员工产生更高层次的成就感。员工因为参与研究与自己有关的事项而受到激励，又为组织目标的实现提供了保证，如图3-8所示。

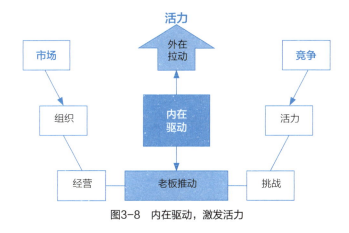

图3-8　内在驱动，激发活力

③ 平台化组织案例：美国无线T恤公司

在不重构原有架构的情况下，将几种内部管理功能向外部市场平台化。原先在组织内直接面对市场的功能单位，例如研发和营销，转化成平台组织，最简单的就是向客户开放，使员工与客户连接起来。例如，企业将自主设计转为向市场全体开放征集最新的创意与新技术，以组织为平台连接生产单位与市场创意，企业不需配置设计人员，降低对研发的资源需求并保持创意活力。这种情形在服装、家具等行业有现实案例。

美国无线（Threadless）T恤公司的网站是一个将市场化设计创意与生产制造相连接的平台组织。它提供了收集设计创意的平台（评分、奖励、选择、预订），最终将这些市场化的结果生产出来。这种将原本内部化运作的核心功能开放的方法，解决了公司的创新问题。

网站为一个拥有37万人左右的T恤爱好者群体提供服务，访问者可以浏览到多达94000个不同的T恤设计方案——这些全是由社区成员自己设计的。网站每周发布约800个新的设计方案，浏览者可以对别人的作品发表评论，并表明如果这一设计方案投产自己是否会购买。浏览者还可以上传T恤照片，更新个人网页来展示自己的品位。网站每周都会收到75万条左右的评分，基于这种反馈，美国无线（Threadless）T恤公司确定投产的T恤款式，迄今为止还没有一款的销售是失败的。

对于设计者来说，最大的激励是自己的心血有机会被社会大众穿在身上——无线（Threadless）T恤公司会把设计者的名字印在每件T恤的商标上。

该公司利用平台商业模式，将服装公司"设计"的核心价值模块开放给客户大众，突破了员工自行设计的创意局限，也降低了聘请签约设计师的固定成本，让设计的创意与理念生生不息。

柔性生产：
智能制造与快速换型

　　敏捷供应需要敏捷制造技术的支持，制造系统具有高度的柔性，才能快速切换产品，实现极速交付。企业需要进入智能制造和快速换型技术时代，提高生产线的柔性。柔性生产能够及时响应内部或外部的变化，拥有快速、低成本地切换生产品种的能力，并且能够精准调整产能，使之和市场需求一致，避免产能不足或产能过剩。或者说，敏捷供应是以超高的柔性满足客户个性化需求，迎合客户对产品个性化、多样化、多变化的要求，高度灵活的工厂通过现代化手段，以大批量生产的成本制造批产量为一件的产品。从某种意义上说，这种生产方式回到了第一次工业革命之前。不同的是，工业4.0时代（图3-9）的产品工艺复杂程度已经远远超出过去的水平了。

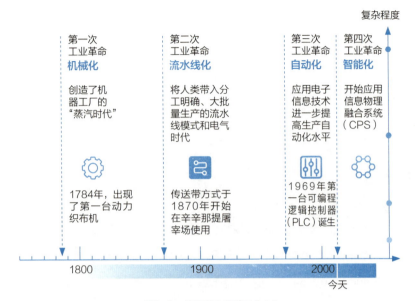

图3-9　从工业1.0到工业4.0

1 自动化、智能化是柔性生产的关键

过去的传统生产线通常都是定品定线，如果不经过改造，想同时具备生产多个产品的能力几乎不可能。其中的原因既与设备本身的先进程度有关，又与设备机械的结构、调试过程、工人师傅的技术有关。

但是，在智能制造时代，自动化生产线可以非常轻松地来回切换生产的产品型号，甚至不需要停机换线。例如，三一重工的"18号厂房"因柔性生产在业界极具盛名。18号厂房最大的特点就是"各环节全部实现自动化、信息化，只在关键位置增加人工的干预"。根据2017年的资料，当时一条生产线可以生产5～10

个车型，整个厂房可实现69种产品的混装柔性生产。对比通常一条传统生产线只能生产一两种车型的状况，可谓是跨越级的提升。

再来看2020年年初新型冠状病毒肺炎在我国暴发最快的时候，口罩、额温枪、口罩机、熔喷布、呼吸机等防疫物资告急，相关企业加急生产，其他自动化程度领先的企业跨界支援，比亚迪、上汽通用五菱、广汽集团等多家企业都参与了口罩制造。

例如，比亚迪于2020年2月8日正式宣布调配资源援产口罩。通过对现成的手机组装生产车间提升净化等级，轻松拥有了生产口罩的净化室；通过种类各异的高精设备和专业技术人员的储备，7天内就完成了口罩机的研发制造。比亚迪在不到半个月的时间内实现了口罩的量产与爬坡，日产量达到5000万只，跃居全球口罩产能第一。

在疫情冲击下能够快速完成产线切换，或者快速调整战略的企业，大多拥有先进的自动化、数字化、智能化水平，其背后都蕴藏了一个可以称之为"柔性生产"的能力。

2 快速换型

快速换型，也叫快速换模，（Single Minute Exchange of Die，缩写为SMED）于20世纪50年代起源于日本，是由其始祖新乡重夫（Shigeo Shingo）在丰田企业发展起来的。其中，Single Minute的意思是小于1分钟，最初使用在汽车制作领域，以达到模具快速切换（Exchange of Die），它帮助丰田企业产品切换时间由4小时缩短为3分钟，如图3-10所示。

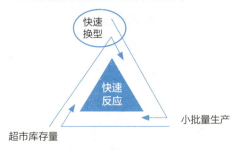

图3-10 快速换型（SMED）

虽然现在已经是智能化生产时代，但智能制造也离不开快速换型的基本理念，况且我国绝大部分企业想要实现智能化生产，还有很长的路要走。快速换型技术在企业中的应用，其实还处于非常初级的阶段。我们可以看看快速换型的六个境界，看看我们的企业处于哪个境界：

境界一：没有快速换模观念。

境界二：个位分钟换模。

境界三：零换模。

境界四：一触换模。

境界五：一周期换模。

境界六：无须换模。

通常，传统换型存在以下三个方面的异常：

1）物料在停机后才开始移动，即上一产品零部件在设备停机后才移走；上一产成品在设备停机后才移到下一工序；新模具及换装工具在设备停机后才开始运输或找寻。

2）设备运行后才发现缺陷或缺件，包括设备运行作业者发现设备的缺陷；换线开始后才发现工具有缺陷或缺失；微调后才发现产品缺陷等。

3）缺少明确要求、无标准化。每个换线人员操作或调试方法都不一致；换班后都感觉上一班次调整不到位，需要二次调整；换线工都是根据经验，按照自认为适合的方式进行安装、调试；部分人想当然地认为安装调试时间越长越有利于保证产品的质量。

图3-11为快速换型改善推进地图，帮助我们很好地理解快速换型的改善方法。

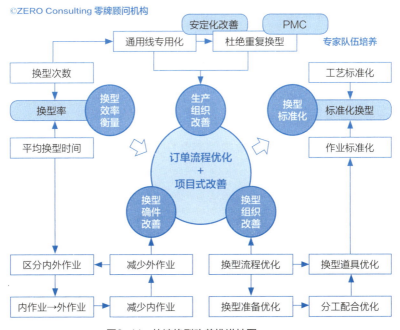

图3-11　快速换型改善推进地图

快速换型改善有四个步骤（图3-12）：

（1）流程分析　通过拍摄切换过程来分析和明确切换的流程和方法。

（2）区分内外　换模作业可分为内部准备作业、调整装备作业及外部准备作业。所谓内部准备作业，是指必须把机器停下来才能做的准备作业，如模具的拆卸与安装。调整装备作业，是指模具安装完成到第一个合格品产出的作业。外部准备作业，是指在机器运转中可做的准备作业，如模具的修理、换模具所用的工具及材料的准备等。

（3）由内转外　企业应尽可能地把内部准备作业转为外部准备作业。等机器停止时才能展开的准备作业，经过改善后，变成在机器运转中即可预先完成的作业。例如，塑料注塑机注入成型制程，下回要上模生产的模具，可提前预热金属模具，不必等到需要设备工作时再做预热作业，应换上模具后即可生产，如此可节省金属模具的加温作业时间。

（4）优化流程　缩短内部准备作业的时间及外部准备作业的时间，优化各步操作。

图3-12　快速换型改善的四个步骤

约束理论（TOC）
与瓶颈改善

　　约束理论（Theory of Constraint，缩写为TOC）是以色列物理学家、企业管理顾问戈德拉特博士（Dr.Eliyahu M.Goldratt）在其开创的最优生产技术基础上发展起来的。戈德拉特认为：在一条业务链中，瓶颈节点的节拍决定了整条链的节拍，即任何一个多阶段生产系统，如果其中一段的产出取决于前面一个或几个阶段的产出，那么产出率最低的阶段（瓶颈）决定着整个系统的生产能力，约束（即阻碍）企业有效扩大产出能力。

　　一切妨碍企业实现整体发展目标的因素都是约束（图3-13）。而目前这一阶段最大的约束，就是企业发展的瓶颈。对于供应链来说，一定要找到目前阶段影响交付能力的瓶颈环节，并且集中精力进行改善，这样才能提升整条供应链的能力。

瓶颈

一切妨碍企业实现整体发展目标的因素都是约束。而目前这一阶段最大的约束，就是企业发展的瓶颈

图3-13　约束企业的因素

1 约束理论的改善方法

约束理论有一套思考的方法和持续改善的程序，其中最常用的是持续改进五步法（FFS），具体步骤如下：

第一步：找出系统中存在哪些约束。

企业要增加有效产出的话，一般会在以下方面考虑提出应对措施：

1）原料，即增加生产过程的原料投入。

2）能力。当某种生产资源不足而导致市场需求无法满足时，企业就要考虑增加资源。

3）市场。如果由于市场需求不足而导致市场能力过剩，企业就要考虑开拓市场需求。

4）政策。企业应找出内部和外部约束有效产出的各种政策规定。

第二步：最大限度地利用瓶颈，即提高瓶颈利用率。

这是解决第一步中所提出的各种问题的具体方法，从而实现有效产出的增加。如某种内部生产资源是约束，就要采取一系列措施来保证这个环节始终高效率生产。以某台设备利用率不高的约束来说，具体的解决方法如下：

1）设置时间缓冲。该方法多用于单件小批量生产类型，即在瓶颈设备前工序的完工时间与瓶颈设备的开工时间之前设置一段缓冲时间，以保证瓶颈设备的开工时间不受前面工序生产率波动和发生故障的影响。缓冲时间的设置，与前面非瓶颈工序波动的幅度和故障出现的概率及企业排除故障恢复正常生产的能力有关。

2）在制品缓冲。该方法多用于成批类型，其位置与数量确定的原则与方法同单件小批量生产相似。

3）在瓶颈设备前设置质检环节。

4）统计瓶颈设备产出的废品率。

5）找出产出废品的原因并根除。

6）对返修或返工的方法进行研究改进。

第三步：使企业的所有其他活动服从第二步中提出的各种措施。

很多企业在解决生产系统中的瓶颈问题时没有明确这点，对那些非约束环节追求百分之百的利用率，给企业带来的不是利润，而是更多的在制品。约束环节更多的是等待时间以及其他的浪费。因此，企业要按照约束环节的生产节拍来协调整个生产流程。

第四步：打破瓶颈，即设法解决第一步中找出的瓶颈。

第五步：重返第一步，持续改善。

2 瓶颈改善案例：某发动机连杆厂

我们的一家客户是做发动机连杆的，目前遇到的问题很多，盈利状况不如从前。我们采用约束理论来帮助他们分析，找出瓶颈并改善。

第一步：识别瓶颈。

从外部市场来看，乘用车市场本身进入了低迷时期，整车厂的销量下滑，对连杆的需求也随之下滑。但整车厂给的需求预测又非常激进，如果完全跟进，会有极大的库存呆滞风险，造成严重损失；但如果不跟进，又可能会影响准时交付，影响客户装机流程，有丢失市场份额的风险。商用车方面，市场倒是进入了快速上升周期，但是车的型号种类非常多，多样化小批量订单居多。加上"国五"转"国六"政策的影响，发动机技术更改频繁，新产品试制需求多。

工厂内部问题也很多。例如，人员流动大，导致新员工多，技能熟练度跟不上，影响生产效率；设备管理能力偏弱，自主保全和专业保全都相对落后，设备故障率高，并且维修时间长。另外，质量问题也时有发生，配套件的来料质量也难以控制。

通过各型号产品的销售数量、库存数量及各生产线的生产指标分析，我们判断目前该企业的瓶颈是产品换型时间过长，需要7～8天，严重影响生产效率和客户满意度，这是制约企业盈利能力的关键问题。

第二步：充分利用瓶颈。

在前面的章节我们讲过快速换型改善，这家企业遇到的换型浪费问题（图3-14）也基本一样。比较突出的是在制品过多，有些工位的在制品库存高达5天。由于换型需要把生产线拉空，过多的在制品就成了影响换型时间的关键因素。另外，换模技术和管理水平相对较低，辅助工具较少；换模人员技能参差不齐，没有统一规范的作业标准，并且在换模过程中经常离开去处理其他工作；换模所需工装夹具往往在换模时才发现不齐套或者有损坏。另外，换模后试制的样品送检时间过长，经常需要四五个小时才能出结果。

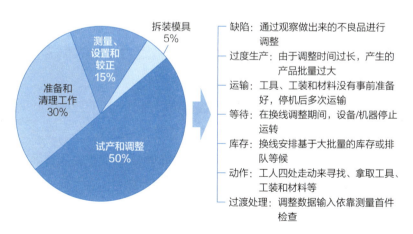

图3-14　换型浪费问题

针对发现的问题，我们成立了在制品库存低减和快速换模两个小组，分别对问题进行解决，消除瓶颈。在制品库存低减方面，我们主要对在制品进行标准化，对每条线的每个工位的标准在制品数量进行计算和设定，并每天监控；在快速换模方面，我们主要从作业流程标准化和增加辅助工具方面下手，区分内外切换时间，并尽量把内切换时间改善为外部作业，并且对作业流程和检测流程进行优化。

通过以上措施，换模时间由7~8天缩短到3.5天，在不改变工艺、设备，不增加额外投入的情况下，消除瓶颈浪费。

第三步：配合瓶颈环节。

为了控制生产线的在制品库存，生产计划需要提前计算换型时间，并且控制毛坯上线的时间和数量，从而使得换型时在制品库存最低。毛坯也是企业自己生产的，所以热加工生产线需要严格按照生产计划指令来生产毛坯和转移毛坯。之前没有控制的时候，热加工车间为了保持自己的负荷，使工人拿到尽量多的计件工资，会超前、超量生产毛坯，增加了机加工生产线的制品。

第四步：打破瓶颈。

3.5天的换型时间还不是最终目标，但进一步的压缩需要消灭在制品数量和投入更先进的设备。目前在制品库存主要是为了平衡生产线内上下工序间班次不一样的问题，如果把班次差异消除掉，在制品库存就会基本消灭。而班次差异是由于工序的节拍不一致导致的，所以需要先解决节拍不一致的问题。这就需要对部分岗位进行合并、调整，提高生产线平衡率，使各工序班次一致。但靠简单的动作和布局改善是无法达到这种效果的，需要投入一些简易自动化设备，把某些工序的作业时间降低。另外，在换模方面，也要引入一些较先进的自动定位装置，大幅改善耗时较多的定位作业。

通过这样的投入式改造，换型时间缩短为1天，使得企业能够适应多样化小批量的市场需求，接到更多的客户订单。同时，由于换型损失的时间大幅度减少，生产效率得到较大提升，员工收入也相应提高，降低了员工流失率。另外，生产成本也因效率提升和员工稳定有所降低，企业整体的盈利水平得到了提高。

第五步：持续改善。

产品换型时间大幅度降低后，企业运营的瓶颈可能会转移到其他环节，比如设备故障率高、关键部件质量不稳定等，需要对新的瓶颈进行改善。

打造常态化
"法拉利通道"

前面章节讲过，满足正常交货周期只是基础水平，紧急交货周期才是企业真正实力的展现，紧急交货周期决定了企业的竞争力优势和机会损失。所谓打造"法拉利通道"，就是指面对重要客户、重要项目、重要订单，企业能够极速响应，以远超同行正常交货能力的周期完成产品交付，如图3-15所示。当然，也不可能所有订单都走"法拉利通道"，只有战略客户、标杆项目、高利润订单才能享受"法拉利通道"，因为这些订单能给企业带来重要的战略意义和高收益，成本高一点是可以接受的。快递公司的加急服务，其实就是一种"法拉利通道"，既满足了特殊需求，又为企业增加了收益。

但是，需要强调的是，"法拉利通道"不是简单的插单，那样会打乱企业的正常生产秩序，反而得不偿失。"法拉利通道"是专门的通道，有专门的流程、专门的队伍和专门的管理。所以"法拉利通道"的能力是有限的，而且因为批量小、交期急，成本会比正常交货成本高。当然，随时企业能力的提高，"法拉利通道"的交付能力也会越来越强，成本会相应地降低，可接受的订单会越来越多，也就是实现"法拉利通道"常态化。

图3-15 "法拉利通道"

1 专门的流程、专门的队伍、专门的管理

专门的流程是指针对特单、急单，从接单、评审到交付的特殊订单管理流程。决定某个订单是否走"法拉利通道"，关键是在订单评审环节。一方面，企业需要判定这个订单是否符合"战略客户、标杆项目、高利润"的特点，另一方面，企业还要评估预留的生产能力能否满足订单交付要求。如果超出生产能力，就需要按照规则来排出优先级顺序，再决定是否接单，或者与客户沟通延迟交货。在订单交付环节，"法拉利通道"需要有更严密的生产计划和进度监控，确保订单能够以最快的速度生产出来，并在

第一时间发货。

专门的队伍，主要指专门的订单管理人员和某些关键工序的专门生产人员。特殊订单管理人员主要是指负责订单评审、订单排产和进度跟进，以及协调好各环节来满足订单交付要求的人。特殊订单所经过的大部分工序还是与普通订单共用，只是需要提前预留和协调好生产能力。但是，某些特殊工序或者瓶颈工序，可以设立专门的生产线，比如个性化装配、包装工序。这条专门的生产线就是用来处理特殊订单，它的规模不大，但是生产效率、质量保证水平较高。另外，针对个性化设计的订单，可能还需要专门的打样人员、专门的采购人员等，这需要根据生产工艺特点来确定。

专门的管理是指从公司层面对前面所说的专门流程、专门人员进行管理、设计和优化"法拉利通道"，不断提高供应链的紧急交付能力，从而提升公司的盈利能力。

2 建立极速打样通道

针对个性化设计产品，约束订单紧急交付能力的环节往往是打样环节。一方面，企业的打样响应速度要快，自身的产品开发流程顺畅、周期短。另一方面，需要提高一次打样的成功率，因为失败一次意味着打样周期需要翻一倍。

前面章节已经讲过如何压缩产品开发周期，但是对于个性化设计要求高的企业，可以设立专门的打样团队，集中力量完成特殊订单的打样。在过去大规模生产时代，企业一般不会设立专门的试制团队，开发产品时，直接共用批量生产的生产线即可。但是，如今多样化、小批量需求越来越多，没有专门的试制线，很难满足快速交付的客户需求。另一方面，频繁占用批量生产线，也会大大影响正常的生产效率。所以，越来越多的企业开始设立专门的试制打样生产线，甚至是试制车间，专门用于新产品试制。紧急订单多的时候，也可以用于小批量急单的生产。

在提高打样成功率方面，企业的产品设计、试制能力很关键，客户深度参与设计、打样流程也很重要。及时跟客户确认设计细节，可以避免信息误差，确保产品设计符合客户的要求。打样过程中可以设置几个关键的评审点，以远程沟通的方式让客户参与进度，及时发现偏差并及时纠正，这样就可以大大提高产品的打样成功率。

3 预留特单、急单生产能力

在生产能力管理方面，通过合理的排产管理，既能保证有足够的生产能力用于满足特单、急单，又不会影响到其他订单的正常交付。这需要企业制定适合客户需求特点的生产计划规则，并且与销售部门一起把客户需求管理好，及时完成订单交付。

举个例子（表3-1），某企业的生产计划的规则是第1天冻结100%，第2～4天冻结80%，第5～7天冻结50%。冻结的订单是指在满足承诺客户交期的前提下，按照离交期越近排得越前的规则来执行，一周以后的计划一般不需要提前编制。这样的计划规则预留了一部分产能，用于满足销售部门接的特单、急单，而无须打乱已经冻结的订单计划。如果第2天没有急单需求，系统会把后面的订单提前到第2天生产，把产能充分利用上。

表3-1　生产计划规则示例

日期	1	2	3	4	5	6	7	8
标准生产能力（%）	100	100	100	100	100	100	100	100
已排订单量（%）	100	80	80	80	50	50	50	0
可排订单量（%）	0	20	20	20	50	50	50	100

当然，这只是一个简化了的模型，实际运行的情况要比这个复杂得多。但是，这种思路跟原来很多企业的做法不一样。有些企业没有冻结的概念，销售部门可以无限制地插单，导致生产部门苦不堪言，生产效率受到影响。有些企业的冻结计划又做得太死板，没有接急单的余地，或者只能安排加班来应对急单，这就会让企业错失高利润的订单或者增加额外成本。

第四章

精益生产，
夯实敏捷制造基础

精益流程技术与准时制生产（JIT）方式

精益生产的理念和工具是敏捷供应的基础，以准时制生产（JIT）为代表的精益流程有力支撑着快速交付、成本最低的敏捷供应。

1 精益流程管理

现代企业管理和供应链管理是以流程为中心的。那么什么是精益流程管理？我们先分析一下工作的性质。所有的工作活动可以分为三种类型：

1）增值的工作，即顾客愿意为此多付钱的工作。

2）非增值的工作，不为顾客创造价值，但在目前条件下，为了增值的工作得以完成，它是不可缺少的。

3）浪费的工作，即既不增值也无助于增值的工作。

增值的工作容易识别，它包括为顾客创造所需货物与服务的所有活动。如果要满足一位顾客的订购要求，增值的工作主要指产品加工和产品配送。尽管增值的工作还可加以改进，但在一个流程中它是必不可少的。

浪费是指无意义的工作。顾名思义，有没有它顾客根本就不在意。如工作失误以致需要返工、过多的检查活动等，这些全属于浪费，需要彻底消除。

非增值的工作是一种黏合剂，它将各种常规流程中的增值工作结合在一起。它包括所有行政性的管理工作，如报告、检查、监督、控制、审核和联络，也包括存储、内部运输、设备保养等辅助性工作。这是使常规流程发挥作用所需要的工作，但它也是误差、拖延、僵化、刻板的根源。它增加了流程的费用和复杂性，使流程容易出差错，并且难以改变。

如果你从传统的流程中去掉这些非增值的工作，流程就会崩溃。相反，通过把各项增加价值的任务重新组织成一个新的并且更有效率的流程，设计消除非增值的工作就是非常必要的。一旦流程成为组织关注的中心，那么加重组织负担的非增值管理工作就变得十分明显，此时就要进行重新设计以使流程摆脱这种非增值的活动。

单纯的管理工作大多是非增值的，那些没有成效的管理就是企业价值的浪费。精益流程管理就是融合精益管理的思想和理念，运用精益管理的技术和工具，不断消除流程中的浪费和非增值的行为，并且持续改善，实现价值最大化和增强企业竞争力的目的。

对流程的价值分析是精益流程的精髓。分析流程时始终不能忘记价值和增值的概念，要抛弃传统的管理理念。传统流程管理中存在的浪费主要有等待的浪费、积压的浪费、人员的浪费、节点过多的浪费和协调的浪费等。精益流程管理就是不断消除这些传统管理中的浪费，使流程不断"瘦身"，以敏捷的姿态应对多变的市场需求。

2 准时制生产（JIT）方式

准时制生产（JIT）指的是将必要的零件以必要的数量在必要的时间送到生产线，并且只将所需要的零件、只以所需要的数量、只在正好需要的时间送到生产线，如图4-1所示。这是为适应20世纪60年代消费需求变得多样化、个性化而建立的一种生产体系，以及为此生产体系服务的物流体系。

准时制生产的目标包括：

1）废品量最低（零废品）。准时制生产（JIT）要求消除各种导致产品不合格的原因，在加工过程中每道工序都力争达到最高水平。

2）库存量最低（零库存）。准时制生产（JIT）认为，库存是生产系统设计不合理、生产过程不协调、生产操作不良的证明。

3）准备时间最短（零准备时间）。准备时间长短与批量选

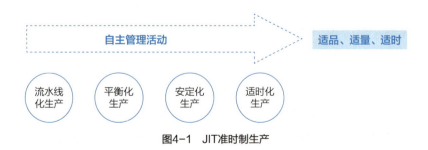

图4-1 JIT准时制生产

择相联系，如果准备时间趋于零，准备成本也趋于零，就有可能采用极小批量生产方式。

4）生产提前期最短。短的生产提前期与小批量相结合的系统，应变能力强，柔性好。

5）减少零件搬运，搬运量低。零件的搬运是非增值操作，如果能使零件和装配件运送量减小，搬运次数减少，可以节约装配时间，减少装配中可能出现的问题。

6）机器损坏低，实现安定化生产。

7）达到高度柔性水平，满足批量化、多样化、个性化的产品需求。

敏捷供应要求整条供应链都采取准时化式运作，工厂与工厂之间，只将所需要的零件、只以所需要的数量、只在正好需要的时间送到下一个环节。也就是说，准时制生产（JIT）系统是以拉动方式运作的，即以看板管理为手段，采用"取料制"，即后道工序根据"市场"需要的产品品种、数量、时间和质量进行生产，一环一环地"拉动"各个前道工序，对本工序在制品短缺的量从前道工序取相同的在制品量，从而消除生产过程中的一切松弛点，实现产品"无多余库存"以至"零库存"，最大限度地提高生产过程的有效性。

实现准时制生产（JIT），需要企业在批量、准备时间、提前期、废品率、成本及质量方面持续改进，全面地对整个生产过程进行分析，消除一切浪费，减少不必要的操作，降低库存，减少工件等待和移动的时间。对于问题采取事前预防而不是事后检查，避免任何可能出现的问题。

3 "一气贯通式"经营

"一气贯通式"经营是指从开发设计到工厂再到消费者整条供应链是一个高度协同的整体，实现一气贯通的最终形式。一般来说，它需要经历六个阶段，才能最终实现，如图4-2所示。

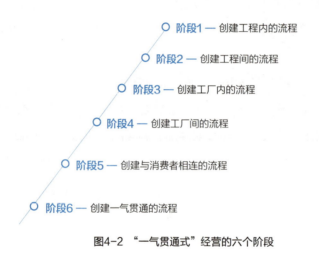

图4-2 "一气贯通式"经营的六个阶段

阶段0是至今仍常见的大批量生产方式，工程内的各项工作都是集中进行，工序与工序之间存在大量的半成品，如图4-3所示。

现在还有很多企业采用这种生产方式，因为有太多理由驱使他们不自觉地陷入大批量生产的陷阱。例如：销售部门担心缺

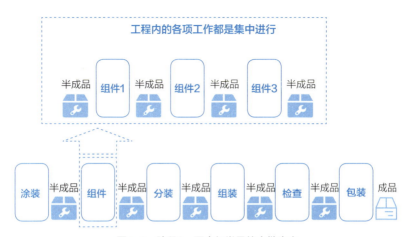

图4-3 阶段0：至今仍常见的大批生产

货，制造部门无力实时应对销售部门的订单；"零部件都是集中采购的，集中生产又有什么不对"的想法；由于组装工程离前项零部件制作工程较远，或零部件都是购买的，所以不能理解"大批生产"引起的不便之处；深信分工生产是提高效率的最佳方法；分工生产或者"大批生产"可以少进行人才培训（可以提高立即战斗的能力）；计划、合计、质量资料等信息体系是"大批生产"的做法；原有设备的制造方法就是供"大批生产"用的；"大批生产"可减少材料和辅材的损耗；"集中生产可以使质量稳定"的固定观念。

另外，企业也很容易陷入"假效率"的陷阱，以生产出更多产品为目的。但效率是要建立在有效需求的基础上，以"是否考虑了市场需求、时机"为标准的。并非基于市场需求的制造甚至造成产品积压在库，此种效率是假效率，如图4-4所示。

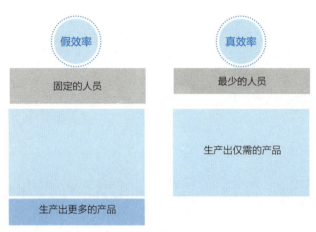

图4-4 "真效率"与"假效率"

　　阶段1是创建工程内的流程。各工程内的一部分环节流程化，即能在几个工序间实现单件流，减少了一部分半成品。但这几个工序最后完成的组件还是需要组成半成品，成批地搬运到下一个工序，如图4-5所示。

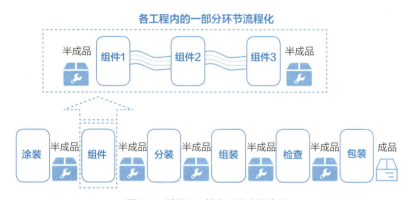

图4-5 阶段1：创建工程内的流程

阶段2是创建工程间的流程。工程间实现流程化生产，如涂装车间、组装车间内各工程间形成与最终工程相符的流程，如图4-6所示。

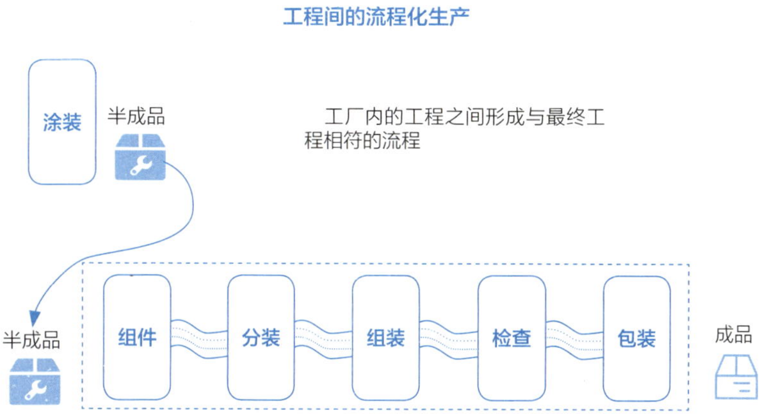

工程间的流程化生产

图4-6　阶段2：创建工程间的流程

阶段3是创建工厂内的流程。工厂内各车间之间实现流程化生产，工厂内的各工程及向工厂提供零部件的合作企业之间存在信息关联，如图4-7所示。

阶段4是创建工厂间的流程。完成最终产品所需的所有工厂之间存在信息关联，生产零部件和组件的工厂按照最终组装工厂的生产需求提供零部件和组件，如图4-8所示。

阶段5是创建与消费者相连的流程。整个生产系统能够按照消费者需求进行生产并配送，即实现通往消费者的流程，如图4-9所示。

工厂内的流程化生产

工厂内的各工程及向工厂提供零部件的合作企业之间存在信息关联

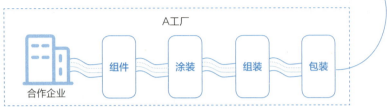

图4-7　阶段3：创建工厂内的流程

各生产机构整体的流程化生产

完成最终产品所需的所有工厂之间存在信息关联，生产零部件和组件的工厂按照最终组装工厂的生产需求提供零部件和组件

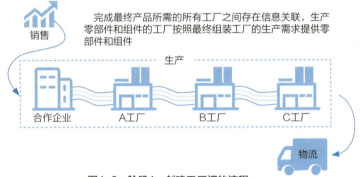

图4-8　阶段4：创建工厂间的流程

通往消费者的流程

按照消费者需求进行生产并配送

图4-9　阶段5：创建与消费者相连的流程

阶段6是创建一气贯通的流程。从产品开发设计到工厂再到消费者，其间以信息相关联，实现一气贯通的最终形式，如图4-10所示。

图4-10　阶段6：创建一气贯通的流程

全链优化，降低成本

　　敏捷供应在满足多样化、个性化需求的同时，还能够做到低成本、低价格，也就是"优质低价"。整个供应链是基于合作，而非博弈和竞争，组合在一起的。企业和企业之间达成利益一致、信息共享的合作关系，降低交易成本。需求拉动的生产方式，只生产客户需要的产品，加快了物流速度，使得库存降到最低。另外，整个供应链通过敏捷性改造来不断提高效率、降低成本。

1 单位成本管理

　　我们都知道，产品的利润=（价格－成本）×销量，如图4-11所示。制造型企业通过产品销售实现资金回流，销售额与产品价格和销售数量成正比，而降低成本可以提高单个产品利润或者销售价格，从而刺激销量和增加总利润。所以，进行单位产品成本管理（简称"单位成本管理"）才能动态把握本企业的价格竞争力，同时为降成本活动明确定量的方向和目标。

　　产品成本由变动成本和固定成本组成，如图4-12所示。变动成本是随着产量增加而成比例增加的成本，比如直接材料费、计件工资等。就是生产一件产品，就会发生一个单位的变动成本，不生产就不会发生。而固定成本是基本不会因为产量变化而

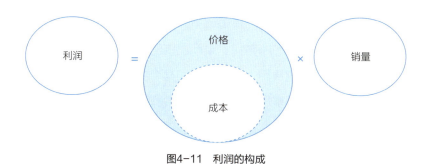

图4-11　利润的构成

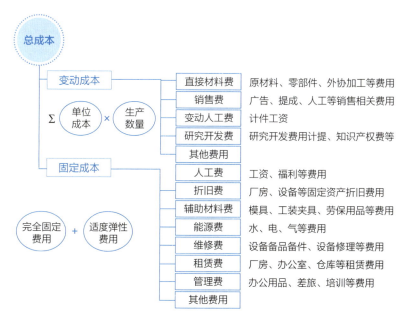

图4-12　产品成本构成

变化的成本，比如折旧费、管理费等。当然，固定成本的固定是相对的，不是绝对的固定，比如当产量达到一定界限，就要扩大产能、增加班次，这样折旧费、能源费、设备维修费等就会大幅度上涨。

变动成本一般是产品的直接成本，可以直接分配到某个产品上，如某个产品消耗的原材料、某产品线的计件工资、某产品的销售提成等。而固定费用一般需要按照某个参数进行分摊，一般用各产品的直接材料费、机器工时等参数作为分摊基准。无论是变动成本还是固定成本，最终都会反映到产品的单位成本上。

进行单位成本管理的好处是，使得成本结构更加清晰，更容易进行差异分析。另外，单位成本管理可实现与市场价格对接，目标导向性更强，可与竞争对手比较分析。同时，企业也可实现内部比较分析，将市场压力传递到内部。

单位成本管理有五个步骤：

1）分得清。定义清楚成本类别科目，确定产品成本核算方法。

2）算得准。完善成本数据统计渠道，建立成本核算模型。

3）查得明。建立成本差异分析机制，进行自变量与目标变量关系查找。

4）降得到。细化目标成本制定，挖掘降本空间，开展降本活动。

5）控得住。进行动态成本管理，把产品成本和利润控制在合理范围内。

2 源头降本：价值工程

价值工程（Value Engineering，缩写为VE）是在不降低产品的功能价值（功能、性能、质量、可靠性等）的基础上，降低产品成本的活动。它由价值分析（Value Analysis，缩写为VA）发展而来。价值工程是基于顾客需求和技术发展，通过与竞争对手的比较分解和科学决策，跨部门全过程参与，突破性地提高企业价值能力的技术经济分析方法。通过有组织地不断努力研究产品和服务功能，以最低寿命周期成本实现所需功能。

价值工程有三个实施阶段：产品企划阶段，开发、设计阶段，以及制造、采购阶段，见表4-1。实施的对象既包括新产品，也包括老产品。价值工程不单针对产品设计，也针对制造设备、机械、工具等，同时也会关注组织、业务流程、工序、作业等。

表4-1　价值工程

阶段	名称	实施时间	实施对象
第一阶段	原点价值工程	产品企划阶段	新产品
第二阶段	第1视点价值工程	开发、设计阶段	新产品
第三阶段	第2视点价值工程	制造、采购阶段	老产品

价值工程的具体做法包括：①功能评价，产品结构再检讨；②使用的零部件、原材料改善，替代品检讨；③检讨最适合的制造方法，评价加工方法，检讨采购方法。

价值工程的基本原理是价值=功能/成本，即产品价值与功能成正比，与成本成反比。所以，提升价值工程就要提高功能或者降低成本，或者两者同时进行。据此可以组合为四种改善方案，如图4-13所示和见表4-2。

$$价值工程 = \frac{功能}{成本}$$

要素	方案①	方案②	方案③	方案④
功能	→	↑	↑	↑↑
成本	↓	↓	→	↑

图4-13　价值工程的基本原理

第一种方案是通过降低成本来提高价值，称为成本削减（Cost Reduction，缩写为CR）型改善，即在功能不变的条件下降低成本，为一般型价值工程。

第二种方案是通过增加功能来提高价值，称为价值创造（Value Creation，缩写为VC）型或功能提高型改善，即在相同成本条件下增加产品功能。

第三种方案是通过同时增加功能和降低成本来提高价值，这也是价值创造（Value Creation，缩写为VC）的一种，也称为改革型改善，是最理想、最困难也是最重要的一种方案。

第四种方案是通过稍微增加成本、大幅度增加功能来提高价值，为市场开拓型价值工程，常用于稍微增加成本即能确保产品优越性的新产品开发。

推行价值工程有五个基本原则（图4-14）：①使用者优先原则，产品设计不能只从生产者的角度考虑，要更多考虑什么才是消费者真正需要的功能；②以功能为中心原则，即工程改善聚焦于产品功能；③通过创造达到变更原则，即由自己开发出更好更新的方法，优化现状；④组织系统化活动原则，即借助不同部门的专家力量，共同参与价值工程；⑤提高价值原则，即一切改善都是为了提高产品的价值。

表4-2　价值工程的四种方案

序号	原理	方法	说明
1	价值工程 $\uparrow = \dfrac{功能 \rightarrow}{成本 \downarrow}$	通过降低成本来提高价值	成本削减（Cost Reduction，缩写为CR）型改善，在功能不变的条件下降低成本，为一般型价值工程
2	价值工程 $\uparrow = \dfrac{功能 \uparrow}{成本 \rightarrow}$	通过增加功能来提高价值	价值创造（Value Creation，缩写为VC）型或功能提高型改善，即在相同成本条件下增加产品功能
3	价值工程 $\uparrow = \dfrac{功能 \uparrow}{成本 \downarrow}$	通过同时增加功能、降低成本提高价值	这也是价值创造（Value Creation，缩写为VC）的一种，也称为改革型改善，是最理想、最困难也是最重要的一种
4	价值工程 $\uparrow = \dfrac{功能 \uparrow\uparrow}{成本 \uparrow}$	稍微提高成本、大幅度增加功能来提高价值	为市场开拓型价值工程，常用于稍微增加成本即能确保产品优越性的新产品开发

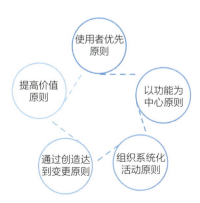

图4-14　推行价值工程的五个基本原则

价值工程产品设计阶段的运用要点包括：功能过剩改善，如去除非必要功能；结构设计，如简化、合并、增加标准件等；材料变更，降低材料成本；规格余量优化，如余量缩减、尺寸调整等。

生产阶段的运用要点包括：生产效率提升，如提高管理精度等；提高质量水平，如完善质量标准、降低产品不良率等；工艺条件改善，如工艺变更、通用化、条件优化、模具寿命优化、省能源等。

产品运输阶段的运用要点包括：包装方式优化，如材料变更、包装方法改善、循环使用包装等；运输方式优化，如汽车运输改为火车运输，节省运费。

下面分享一个案例：丰田汽车公司如何将车把手的采购成本降低30%。

要想解决这个问题，我们首先要搞清楚丰田公司有多少种车把手？答案是35种。从客户感知到的价值来看，需要多少种车把手才能满足客户的需求？答案是3种。分别是高档车专用车把手、中档车专用车把手、低档车专用车把手。

如果从35种改成3种，可以节约哪些成本？答案是：35种。车把手意味着35套设计、35套模具、35个从产品质量先期策划（APQP）到生产件批准程序（PPAP）的验证过程，意味着35套检验规范、仓库要留35个货位、资源计划管理（ERP）系统里有35个料号、35种断货缺料的可能、产生35种产品生命周期结束后的呆滞物料、35种装配错误的可能、要留35种售后备件库……

当车把手缩减为3种时，意味着供应商的生产量放大11倍多，由于规模效应，供应商的固定成本被摊薄。同时，车把手品类减少，操作工人换线时间变少，学习曲线发挥作用，单位产出时间缩短，产出效率提升。

另外，供应商生产产品的品类少，越做越熟练，产品质量也跟着提高。而对用户而言，对车把手的感知，35种与3种并没有太大区别。

3 持续开展降本活动

价值工程是供应链降本的重要手段，它需要持续的全面降本活动作为支撑，同时需要一个又一个降本项目作为推进载体，从而实现降本目标，如图4-15所示。

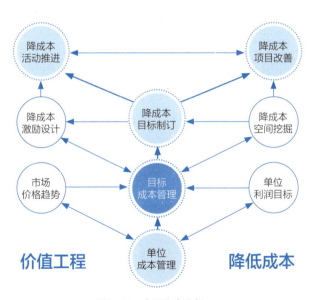

图4-15　全面降本路径

我们把成本科目中占据费用或消耗主体部分比喻为"老虎"，必须通过技术性措施才能降低，通过项目作战才能达到突破性效果，如材料成本、能源费用等。我们把成本科目中占据费用或消耗虽然不大，但仍然有压榨空间的部分比喻为"苍蝇"，通过全员参与、小改小革也可以降成本，如打印纸、办公室水电费等。

打"老虎"就是用降成本项目寻求突破，以材料成本为中心，专注于材料成本削减，这是成本的"大头"，也叫原料成本下降（Cost Down）活动。打"苍蝇"就是通过全员降成本活动实现分厘必省，我们叫成本费用削减（Cost Buster）活动。成本费用削减是指生产材料采购成本以外可进行成本削减的各项活动，即企业运营过程中各个支持系统所发生的一切费用都是成本费用削减的内容。只有"老虎"和"苍蝇"同时打，降本目标才能顺利达成，如图4-16所示。

传统的降成本活动比较多地专注于材料成本削减，对整体系统特别是支持系统的成本控制重视不足。其实，生产支持系统有很多降成本空间可以挖掘，如：通过杜绝浪费、循环利用、优化改造等手段来减少耗材、能源的用量；通过集中采购、价格交涉、集团采购等方式来取得采购价格优势；服务内化、服务外包

"老虎"和"苍蝇"同时打

以材料成本为中心　　支持系统降成本

图4-16　原料成本下降与成本费用削减活动

等，如图4-17所示。

　　降成本活动需要机制化、常态化。根据80/20法则：找出关键的20%的问题来解决80%的问题。但是，日常工作通常没有推动力，活动才有推动力，所以，通过设计活动，将突出的问题、关键的问题、难以解决的问题作为主要工作，系统推进系列课题的改善，并且辅以相应的激励机制，才能推动整体目标的实现。

图4-17　生产支持系统的降成本空间挖掘

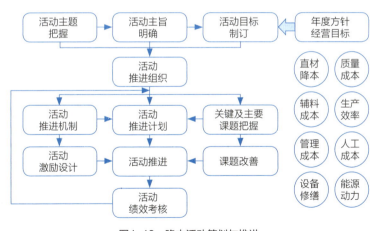

图4-18　降本活动策划与推进

加快流动，削减在库

敏捷的核心在于快速流动，供应链运营可以说是流动的科学和艺术。一方面，必要的库存是流动的基础，另一方面，过多的库存会让流动变慢。有效的库存规划，可以在满足流动的前提下，最大限度削减库存，从而加快物料流动和资金流动，提高投资回报率。

1 有效库存规划

库存管理的总目标是：在合理的库存成本范围内达到满意的顾客服务水平。也就是说，企业需要在库存成本和预期缺货成本间取得平衡。

有效库存规划的核心是设定必要库存，即为了满足顾客需求而设置的库存。库存规模规划需要考虑的要点包括产业形态、物料价值、管理水平和工序能力，如图4-19所示。

产业形态决定了库存模式，主要跟企业与上下游力量博弈的状态有关。例如，汽车厂推行准时制生产（JIT）模式，零件库存水平视与供应商的远近而定。大部分国内供应商都会在本地建

图4-19　库存规模的规划要点

厂或者设置供应商管理库存（VMI），对汽车厂来说，几乎实现零库存。当然，对于进口零件或者个别强势供应商零件，企业也会建立一定的库存，但比例比较低。汽车厂的成品库存也不会很多，特别是过去畅销的主流合资品牌，一方面处于供不应求的状态，4S店需要排队等订单，另一方面它们相比经销商较强势，有时会将库存强压给经销商。

对于个性化定制的产品，则没有成品库存，因为它们是按订单制造（Make To Order，缩写为MTO）或者按订单设计（Engineering To Order，缩写为ETO），无法提前生产。但是，它们会有原料库存或者半成品库存，否则交付周期会更长，影响客户满意度。

举个极端的例子，中小型家电钢板企业上下游都处于弱势地位，库存压力非常大。上游钢材供应商要求签订采购协议，每月至少采购一定量的钢材，不管行情好坏，也不管价位高低，否则会取消优惠甚至终止合作。下游家电厂则要求快速交付，急的时候甚至要求当天交货。但是彩涂钢板的生产周期至少一周，钢板厂只好提前备好各种规格的半成品，甚至按客户要求备有一定成品库存。而客户对于这些半成品和未发货的成品是不负责的，经常会形成呆滞库存。

根据物料价值来决定库存水平的方法，在后面章节还会讲到。道理很简单，价值高的物料，企业肯定是不愿意多备，因为占用的资金较多，呆滞风险难以接受。企业一般对于价值高的物料在采购时会比较谨慎，一方面需要根据较明确的订单需求来订货，另一方面每次订购的量也会较少。而对于价值低的物料，企业则可以适当多备库存，因为不仅可以减少订货的次数，每次订货时批量大还容易获得采购折扣。

企业的管理精度高、应变能力强，则可以少备库存。这主要取决于企业对于供应链信息的获取能力和反应能力。这就是所谓的"信息换库存"，这是一种较先进的管理理念。如果企业能够把信息触角伸到客户的客户，及时掌握最前端的准确需求信息，然后根据这些信息来精准排产，就可以做到少备库存。

另外，企业还需要时刻监控内部和供应商的库存、产能状态，一旦出现异常马上做出反应，提前做好应对措施。这样，企业就不需要通过设立过多的缓冲库存来应对供应链的风险。但这对供应链管理要求很高，如果管理水平不够，低库存运行相当于"玩火自焚"，得不偿失。

跟管理水平一样，生产交付能力强同样可以减少库存。一方面，生产要做到稳定可靠，交货周期确定性高，即承诺客户的交期是几天，实际交期就是几天。这样就不需要多备库存来应对交货周期的不确定性。另一方面，不断缩短生产周期也可以减少库存。前面讲过，由于客户要求的交货周期比企业实际的生产周期短，我们不得不准备安全库存来应对这个周期差距。如果生产周期变短，减少跟交货周期的差距，安全库存就会相应降低。

另外，由于生产线的节拍不平衡，我们需要中间在制品来缓冲。如果我们能够不断优化生产线，提高生产线平衡率，在制品库存就能降低。

从以上库存规划的要点可以看出，减少库存的关键在于更好地进行需求预测、减少交货周期的不确定性以及缩短交货周期。

前面讨论的是必要库存的决定因素，但企业在运行中，实际库存远远超过必要库存，下面我们通过实际库存全貌图来做探讨，如图4-20所示。

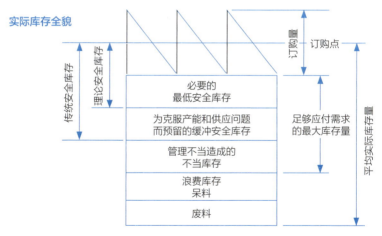

图4-20　实际库存全貌

我们用最常见的订购点模型来做分析。理想的订货循环是库存水平到达订购点就开始订货，订购量是订购点水平的两倍，等库存刚好消耗完，新订的货物就会到达，开始新一轮循环。但是，在实际运行中，不可能按照理论模型来操作，可预期的加产、运输风险是要考虑进去的。所以，我们会设置一个到货周期的消耗量作为必要的最低安全库存，也就是最低存储量，即万一库存水平到达最低存储量，但新订货物未能及时到货，企业可以马上重新订货，最低安全库存可以支撑重新订货的到货周期。当然，这是极端情况，一般情况下，原先订的货即使未能按时到货，也不至于需要重新订货，这需要跟踪到货情况后再做判断。总之，最低安全库存可以抵御一次异常消耗或者到货异常。这样，算上最低安全库存的订购点，就是理论安全库存，一旦库存水位到达这个点，就开始订货。

但是，传统安全库存还需要增加为克服产能和供应问题而预留的缓冲安全库存，因为最低安全库存只能应对一个订货周期内的可预期风险，而在实际运行中，产能和供应问题的影响可能会超出一个订货周期。最常见的就是临时加产，如客户对某一品类的需求突然增长，企业需要临时扩大这个品类的产能，原料问题靠紧急订货也不一定能满足，这样就需要预留一定的缓冲安全库存。另外，如果供应商的供应能力不稳定，缓冲安全库存也是需要的。

除此之外，其余的库存都是不应该有的，或者说是浪费。例如，因为管理不当造成的不当库存，库存信息错误导致的多订货、重复下单、下错单等。算上这部分库存，就是企业足够应付需求的最大库存量。呆料、废料可以看作无用的库存，需要及时清理，否则会一直占着资金和库位面积。这就是企业在实际运行中的实际库存量，我们要做的就是计算好必要的安全库存量，努力使库存水平保持在健康水平。对于管理不当导致的呆料、废料，应当通过管理改善来尽量消除。而为了应对不确定性的缓冲库存，可以通过不断提高供应链管理能力，特别是提高信息获取及应急能力来逐步降低。

2 采购分析工具在库存规划中的指导作用

卡拉杰克模型是最常用的采购分析工具，我们也可以用它来指导库存规划。这个模型按照供应风险和物料价值两个维度把采购的物料分成四种类型，如图4-21所示。需要注意的是，价值是以其对利润的贡献来量度的；风险是指得不到产品时的负面影响。

关键物料是指高价值、高风险的物料，如汽车发动机、变速箱、计算机的中央处理器等。一旦此类产品无法得到充足供应，

图4-21　卡拉杰克模型

企业就会陷入停产状态。而且，这些关键部件往往只能依靠少数几个供应商来供应，风险较大。另外，这些部件对于企业的盈利贡献很大，必须进行谨慎的管理以确保其充足供应。所以，一方面，企业要与供应商达成战略合作关系，确保其优先供应地位；另一方面，企业也要做好内部库存规划，设置合理的安全库存，提前做好采购计划，并且对到货情况做好跟踪。

瓶颈物料虽然价值不高，但供应风险较大，一旦缺货也会造成不可接受的损失，如某些专利零件。这些零件一般只有一家供应商，并且可能运输不便，有较大供应风险。但是，因为其价值不高，对利润的贡献不明显，在日常管理中容易被企业忽略。对于这类物料，企业需要设立额外的库存，跟供应商签订保量合同，或者设置供应商管理库存。

杠杆物料是可选供应商较多、能够为企业带来较高利润的采购项目，如原材料、普通化学品等。这些物料标准化程度较高，可选供应商较多，供应风险较小。企业不需要为此类物料多备库存，只需要计划好必要的周转库存数量，有规律地订货即可。

常规物料是指供给丰富、采购容易、财务影响较低的采购项目，如一般文具、普通工业紧固件等。对于这些物料，企业可以成批采购，做好库存管理即可。

3 ABC分析法在库存规划中的运用

由于各种库存物品的需求量和单价各不相同，其占用金额也各不相同。那些占用金额较大的库存物品，对企业经营的影响也较大，因此需要进行特别的重视和管理。ABC库存分类法就是根据库存物品占用金额的大小，把库存物品划分为A、B、C三类，见表4-3。A类库存品：其占用金额占总库存金额的60%~70%，其品种数却占库存品种数的15%~20%。B类库存品：其占用金额占总库存金额的20%~30%，其品种数占总库存品种数的20%~25%。C类库存品：其占用金额占总库存金额的5%~10%，其品种数却占总库存品种数的60%~65%。

表4-3　ABC库存分类法

物料类别	占总品种数的百分比	占总金额的百分比
A类	15%~20%	60%~70%
B类	20%~25%	20%~30%
C类	60%~65%	5%~10%

ABC库存分类法的实施步骤：

第一，先计算每种库存物资在一定期间，例如一年内的供应金额，用单价乘以供应物资的数量。

第二，按供应金额的大小排序，排出其品种序列。

第三，按供应金额大小的品种序列计算供应额的累计百分比，并绘ABC库存分析图，如图4-22所示。

对于A类物料，企业应进行重点控制、重点改善，防止缺货或超储。在库存规划时，企业要尽量精细计算其必要库存，减少浪费库存，减轻资金占用压力和呆滞风险，同时保持最高的服务

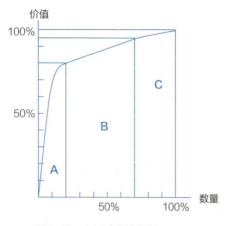

图4-22　ABC库存分析图

水平。如果供应链条件允许，企业应争取采用准时供货方式，使其接受零库存状态。在订货批量方面，企业应争取多频度、小批量方式，在需要的时候立即就能得到，或者通过快递物流服务就能获得。企业应严密监视库存量的变化情况，当库存量降到报警点时便马上订货。

对于B类物料，企业应动态调节库存水平，并保持较高的服务水平。单价较高的库存品采用定量订货方式；其他的采用定期订货方式，可对若干商品进行联合统一订货，并保持较多的安全存货。

至于C类物料，对企业经营影响最小，企业对其只需进行一般的管理，尽量简化操作。企业可以集中大量订货，以较高的库存来减少订货费用，库存核查按年度或季度进行即可。

精益改善，消除浪费

前面讲过，客户愿意付款的产品才是有价值的；只有在正确的地点、正确的时间提供产品才是正确的方案。所以，不增值的活动就是浪费。只有不断通过精益改善，消除供应链里各环节的浪费，才能实现快速交付、成本合理。

1 消除八大浪费

工厂常见的八大浪费包括：等待浪费、搬运浪费、不良浪费、动作浪费、加工浪费、库存浪费、制造过多（过早）浪费以及缺货损失。精益改善就是要不断消除八大浪费。

（1）消除等待浪费　我们知道，等待不创造价值，常见的等待现象包括：物料供应或前工序能力不足造成待料；监视设备作业造成员工作业停顿；设备故障造成生产停滞；质量问题造成停工；型号切换造成生产停顿。造成等待的常见原因有：线能力不平衡、计划不合理、设备维护不到位、物料供应不及时等。因此，想要消除等待浪费，需要提高生产线平衡率，合理安排生产计划，做好日常的设备维护与保养工作，并且保证物料供应及时。

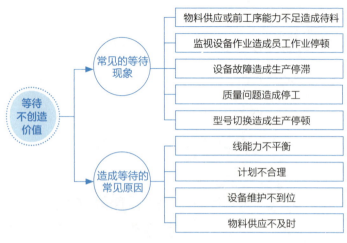

图4-23　等待浪费

（2）消除搬运浪费　物料的移动费时费力，包括空间、时间、人力和工具的浪费，如图4-24所示。搬运过程中的放置、堆积、移动、整理等都造成浪费。因此，企业应优化作业流程，尽量避免不必要的物料搬运。

图4-24　搬运浪费

（3）消除不良浪费　加工不良会造成额外的人工、材料、设备、能源成本。如果不良产品流到客户手中，还会造成订单损失、信誉损失，甚至造成企业永久失去某些客户，如图4-25所示。消除不良浪费，需要企业推行全面质量管理，不断提升产品生产质量。

图4-25　不良浪费

（4）消除动作浪费　多余的动作只会增加强度、降低效率。常见的十二种浪费动作包括两手空闲、单手空闲、作业动作停止、动作幅度过大、左右手交换、步行多、转身角度大、移动中变换动作、未掌握作业技巧、伸背动作、弯腰动作和重复/不必要动作，如图4-26所示。企业需要通过使用工业工程改善工具，不断改善人机工程，提高动作的效率。

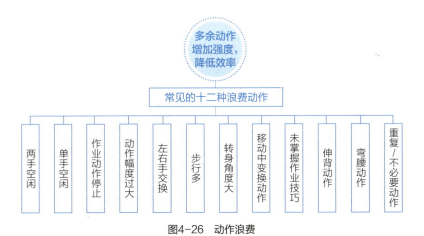

图4-26　动作浪费

（5）消除加工浪费　常见的加工浪费包括加工余量、过高的精度、不必要的加工等。加工浪费包括设备折旧、人工损失、辅助材料损失、能源消耗等，如图4-27所示。这是一种隐蔽的浪费，看起来好像是增值的加工，实质上是多余的。这需要我们通过价值分析，识别其中不必要的加工，并加以改善。

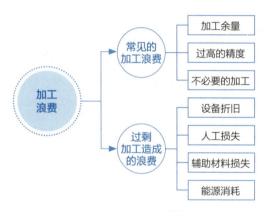

图4-27　加工浪费

（6）消除库存浪费　常见的库存包括原材料、零部件、半成品、成品、在制品、辅助材料、在途品等。库存的危害很多，包括额外的搬运储存成本、造成空间浪费、资金占用（利息及回报损失）、物料价值衰减、造成呆料和废料、造成先进先出作业困难、掩盖问题而造成假象等。前面讲到有效的库存规划是削减库存的重要手段，需要结合价值流分析，确定必要的库存，不断消除多余的库存。

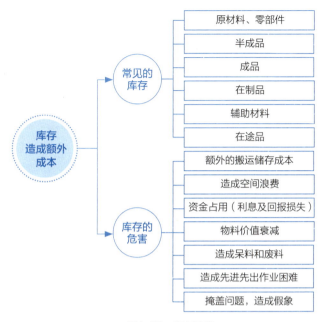

图4-28 库存浪费

（7）不制造过多（过早）浪费 制造过多或者过早实际上就是违背准时制生产（JIT）原则，造成在库、计划外/提早消耗、有变成滞留在库风险、降低应对变化的能力等问题，如图4-29所示。我们可以通过精益流程管理技术，不断优化生产流程，并且控制好各环节，使得各环节均在适当的时间生产适当数量的产品。

（8）避免缺货损失 由于各种浪费消耗了企业资源，降低了经营效率，反过来制约了企业的订单履行，造成缺货损失，如图4-30所示。缺货损失包括紧急订单造成额外成本、延迟订单造成额外成本、订单取消造成利润损失、客户流失造成市场机会损失等。企业只有通过不断地消除过程浪费，提高产品交付能力，才能避免缺货损失。

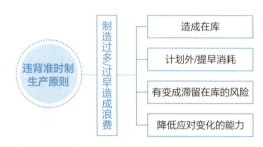

图4-29　制造过多/过早浪费

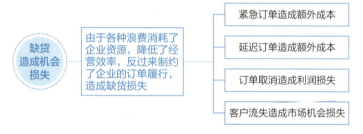

图4-30　缺货损失

2 七个"零"目标

精益生产追求七个"零"目标，即零切换浪费、零库存、零浪费、零不良、零故障、零停滞和零事故，如图4-31所示。

（1）零切换浪费　面对多样化需求，多品种切换不可避免，如果切换时间长、切换后质量不稳定，将造成很大损失。解决的

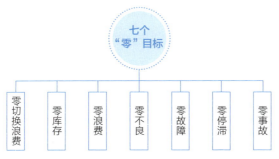

图4-31 精益生产追求的七个"零"目标

办法包括快速换型改善、最小经济批量计算、物流方式准时化、生产计划标准化、作业标准化等。

（2）零库存 大量库存会造成生产成本高、工厂资金周转困难，并且使企业看不到真正的问题在哪里。丰田汽车公司追求零库存，最主要的目的是让真正的问题浮出水面，而不被库存掩盖住。我们需要不断地探求必要库存的原因，合理规划库存规模，同时推进均衡化生产和设备流水化，不断降低库存。

（3）零浪费 前面讲到"地下工厂"有八大浪费，但是往往无法被发现、无法消除。我们可以通过整体生产能力的协调，导入拉式生产来彻底暴露问题，从而消除浪费、降低成本。

（4）零不良 很多企业都处于低级错误频发、不良率高、批量事故多发、忙于"救火"的状态。推行"三不主义"、零缺陷运动、全员质量改善活动、自主研究活动、质量改善工具运用等措施，可以提高质量管理水平。

（5）零故障 设备故障频繁发生，导致员工加班加点与待工待料一样多，这也是一个困扰很多企业的问题。推行设备效率管理、全员生产维护（TPM）、制定故障分析与故障源对策、设备初期清扫与自主维护等措施，可以降低设备故障率，提高生产效率。

（6）零停滞　生产停滞会导致交货期长、延迟交货多、顾客投诉多、加班加点和赶工赶料。想要缩短交货期，做到敏捷供应，企业需要推进同步化、均衡化生产，改善生产布局，并且导入小型化、专用化设备，提高生产柔性。

（7）零事故　工人忙于赶货疲于奔命，忽视安全，安全意识淡薄，导致事故频发，并且人为事故多。这就要求企业始终贯彻落实"安全第一"的理念，持续开展5S活动（整理、整顿、清扫、清洁、素养），定期巡查，消除安全隐患。同时，可以开展KYT⊖危险预知训练、安全教育活动、安全改善活动等，不断提高员工的安全意识。

与传统的大批量生产相比，精益生产只需要一半的人员、一半的生产场地、一半的投资、一半的生产周期、一半的产品开发时间和少得多的库存，就能生产质量更高、品种更多的产品。

⊖　KYT（Kiken Yochi Training）起源于日本，是针对生产的特点和作业工艺的全过程，以其危险性为对象，以班组为基本组织形式而开展的一项安全教育和训练活动。

第五章

战略联盟，
建设敏捷供应链

突破边界：重新定位企业关系

传统供应链没有超越企业边界，供需双方只是买卖、博弈关系，供应商只是可以随时替换的社会资源，而客户只是服务对象。敏捷供应链则强调突破企业边界，重新定位企业关系，把供应商当成是利益一致的合作伙伴，而客户则是企业创造价值、使产品增值的战略资源。

1 构建战略虚拟组织

敏捷供应链是若干相互关联的企业基于战略一致性而构成的动态联盟。它具有超组织性、动态性、网状组织等特点。

超组织性指的是供应链形式不一定是法人实体，而是企业联盟。这不同于20世纪很多大型企业所采取的纵向一体化战略。纵向一体化一般指上游供应商与下游顾客之间拥有产权关系，而供应链上的企业集合一般不具备产权关系，它们一般是建立在共同理念基础上的默契关系或契约关系。

这里涉及企业的组织理论中企业的组织成本和交易成本的演变过程。从传统上来说，企业是以一种小规模、单一组织形态而存在的组织，企业之间会发生大量的交易，这就产生了巨大的交易成本。随着社会生产力的发展，一些实力较强的企业就以产权投资的形式控制其上下游企业，在其扩大规模的同时，达到了市场内部化、降低交易成本的目的。这就是纵向一体化产生和迅速发展的原因。

溢达集团（以下简称"溢达"）就是靠纵向一体化发展起来的企业。溢达成立之初，只是一家通过补偿贸易进入内地市场的小企业。公司的第一批订单，就是将在中国生产的纯棉梭织衬衫出口到美国。从那时起，溢达就坚持将纯棉衬衣作为其主营业务。为了更好地提升品质和满足客户的需求，溢达先是投资扩大了制衣厂，然后再一步步投资扩充了整个产业链。如今，溢达不仅在马来西亚、毛里求斯、斯里兰卡、越南等国家有成衣生产工厂，还在中国广东、新疆、常州、宁波、桂林等地拥有涵盖棉花种植、轧花、棉纺、织布、染整、制衣及制衣辅料的一条龙供应链。

但随着企业集团规模的迅速扩张，企业的组织成本变得越来越惊人，主要表现在：企业的效率越来越低；企业越来越失去了自己的特色；企业适应市场变化的能力越来越低。一方面，市场需求向小批量、多品种、多规格方向发展，市场竞争也越来越激烈；另一方面，电子商务和物流无论是在硬件方面还是软件方面都有了根本的发展，这就使企业原来的市场交易成本大幅度降低。这两个方面的因素使得动态联盟式的供应链取代纵向一体化生产将成为一种必然。

战略虚拟组织的动态性，是指供应链上各组成企业不是一成不变的，而会根据需求或目标变化动态合散。因为市场需求是多变的，为了满足某个需求，参与响应的企业也是不一样的。例如，以连锁零售为核心的供应链，供应商是动态的，近期某个商品卖得很火，那么这个制造商会大量供货，等这阵风潮一过，可能这个供应商就会暂时休产。但是，它只是在这家连锁零售商的供应链休产，在其他的供应链中还是很活跃，因为它不只给这家零售商供货。等这个零售商下次需要它的时候，又会随时把订单给它，动态合散。这种动态性关系能够最大限度地提高供应链的柔性，每次召集最适合的企业来完成订单，实现敏捷供应。对供应商来说，它只需要专注于自己擅长的领域，而不必为了某个大客户什么都做，而是同时为多个客户做同一类产品即可。

网状组织指的是打破传统的金字塔结构，允许信息横向流动，使信息传达与利用更充分及时。或者说，改变以前"蝴蝶型"关系为"钻石型"关系，如图5-1所示。"蝴蝶型"关系是指供应商的销售负责人和采购方的采购负责人单点沟通。而"钻石型"关系是指供需两方的各职能部门可以多点横向沟通，建立各个相关部门信息共享、提高整体业务效率的机制。

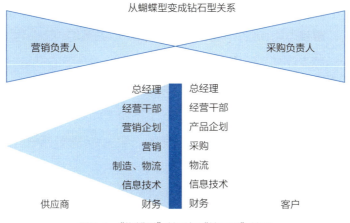

图5-1 "蝴蝶型"关系与"钻石型"关系

2 从内部最优到企业间最优

传统供应链里，每个企业都追求内部最优，跟上下游企业是博弈关系，每次谈合同、谈价格都是"斗智斗勇"。其实通过谈判所争取的利益是不可持续的，因为供应链是动态变化的，合作方无法取得公平、合理的利益，就会很快停止合作，转向我们的竞争对手。只有各企业共同努力，把供应链的整体效率提高了，才能让各合作伙伴获得足够的利益，从而维持长期的合作关系。

供应链的起点到终端链条非常长，从原料生产产地到成品最终送到终端用户手中，参与角色少则数十个，多则上百个，供应周期少则数天，多则数年，很多材料还需要跨国供应。如果供应链条上的企业不能很好地衔接，就会变成一个个孤岛，会导致供应过程严重受阻，造成诸多浪费。

所以，对协同的要求是上下游企业之间保持开放心态，彼此信任，摒弃短期利益，从长远目标出发，以共赢的心态共建协同链条，减少计划、采购、制造、交付、回收等环节的孤岛阻碍，保证物流、信息流、资金流的高效通畅。

一个典型的例子是库存管理。上下游之间如果信息不透明，每个环节就会产生不必要的库存浪费，因为大家都要备一些安全库存来应对供应和需求的不确定性。反过来说，借助信息共享的信息技术平台，整条供应链统一规划库存，整体库存就会大大降低。这就是我们常说的"以信息换库存"。

所以，我们要把供应商、代工厂当成是自己的生产基地，而且是柔性的生产基地来管理。我们的管理体系、信息系统都可以做外延，这样我们就可以灵活地去调用这些工厂，把它们组成一体化的、动态的组织网络。

如何实现各合作伙伴间的协同运作呢？敏捷供应链的一个很重要的主张就是信息共享，前面也说到销售端的消费需求信息要实时地共享到整条供应链，同样，企业的生产信息、库存信息、产品开发信息也要同步共享给供应商。只有这样，供应商才能快速响应我们产品开发需求和订单需求，从而实现协同产品开发、协同生产。例如，供应商在送货之前，先通过预约系统向下游企业告知送货时间和送货商品及数量，下游企业就可以提前对库房进行排班安排，避免人手不足。同时，通过系统的对接，也可以减少收货环节的很多录入工作，可谓一举多得。

当然，企业之间的实力有强有弱，目标和认知各有不同，站在以逐利为基础之上的合作，大家都不希望因为协同而损害自身利益。例如，因为要实现与下游的协同而需要自身短期投入更多的信息化建设，这势必会给资本薄弱的企业带来额外的预算支出，这就需要上下游一起来协作了。如果从长远来看大家都是受益者，那么短期的合理性投入是值得的，可以采取信息共建，或者大企业开放技术为微小企业搭建商家系统等方式达到协同的目的。

3 线上线下融合赋能供应链团队建设

线上线下融合（Online Merge Offline，缩写为OMO）的运作模式可以帮助供应链上各合作伙伴连成一体。通过实时支援实现团队赋能，包括为客户团队提供支援，为客户的领导人赋能，为自己的营销团队赋能，建设赋能平台和赋能型组织。同样道理，我们也可以用OMO的方式为供应商赋能，比如提供实时的产品设计、制造问题支持，以及组织供应商能力提升培训等。

以化肥企业为例，实时提供智力和经济刺激，培养技术专家、种植能手和优秀经营者，是企业进行团队赋能的目标。为此，化肥企业可以为零售商和经销商老板提供企业家培训、行业话题研讨会、经营研讨会和企业家活动，拓展他们的经营视野、拓展思路、提高经营认识、激发创新动力。

面向零售商和经销商的业务团队，每月要进行业绩评比、奖励，组织业务和管理培训，召开销售倍增研讨会，评选、奖励卓越营销实例，评选、奖励金牌业务员，把分销渠道的业务人员拉到化肥企业的平台上提升、发展，创造增量、得到实惠。

对于自己的营销团队，化肥企业要提供经济和精神并举的赋能措施，包括职业规划、松绑授权、能力辅导、公平机会和创造阅历等，帮助营销人员提升个人素质，实现财务增长。这些过去很多企业都在做，但是做得不系统、无效果，现在搬到线上，要用新方法给团队松绑赋能，如图5-2所示。

图5-2　线上线下融合为团队赋能

寻找战略合作伙伴开发

虽然供应链各企业是动态战略联盟，但这并不意味着是短期合作关系。相反，各企业会通过长期合作来建立更长期稳定的协同关系，而不仅仅追求短期利益。例如，戴尔可以在24小时内完成客户下单到组装、运输的全过程，并且库存周转率达到近90次/年，原因是戴尔仅与少数几个核心供应商建立长期稳定的合作，供应商在戴尔工厂周围建立起库房，及时将零部件送到生产工厂。战略合作伙伴有时候就是企业核心竞争力的重要组成部分。

1 优选伙伴，与优秀的企业为伍

什么样的客户才是好客户？什么样的供应商才是好供应商？企业需要有清晰的画像，明确客户和供应商的等级标准，从而不断寻找好的合作伙伴，与巨人握手，共同成长。对于不同等级的合作伙伴，合作方式、合作深度都有所不同。

例如，我们可以把客户分成三个等级：合作客户、重点客户和战略客户，如图5-3所示。合作客户就是一般的客户，主要关注利润率、回款速度、订单规模等指标。重点客户是可以长期合作的客户，需要维持稳固的关系，平时给予技术支持和管理支持。战略客户则可以一起开展国际化业务、战略合作及进行品牌提升和产品联合开发。

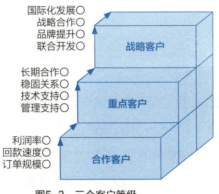

图5-3　三个客户等级

供应商对客户的价值，主要体现在对客户经营的贡献，这决定了客户的满意度和忠诚度。企业能给到客户的利益主要包括产品与服务特性、品牌形象和服务关系。产品与服务特性又包括产品功能、质量、价格和交货期等，服务关系主要指专业、热情周到的顾问服务，如图5-4所示。

图5-4　供应商对客户的价值

而客户对供应商的价值，则主要反映在客户赢利率，即客户给公司带来的利润的衡量。供应商不仅希望得到对本公司满意的客户，同时也希望获得优质客户。使用财务手段对客户进行利益评估，可以避免企业过于迷恋客户。能否长期获利就成为决定保留或排除客户的关键。

供应商眼中的优质客户可以从很多个维度来评价，比如利润、资金流动等财务指标，也有品牌效应、市场占有率、产业策略、长期合作、长期发展等战略优势，还有技术支持、管理提升等软性帮助，如图5-5所示。

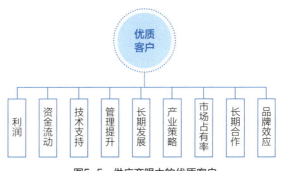

图5-5 供应商眼中的优质客户

选择优秀的客户和供应商，对企业来说，一方面建立供应链的竞争优势，另一方面也在拉动企业自己成长。所以，战略合作伙伴的寻找和利用是一种至关重要的供应链管理能力。

2 合作关系的三大层次

一般来说，B2B合作关系有三大层次（图5-6）。不同的合作层次，其实就是不同的供应商等级或者客户等级。前面说过，我们与不同等级的合作伙伴的合作方式、深度都有所不同，管理方式也会不同。例如，万科把供应商分为一线、区域、集团采购三级。一线供应商只能跟一线公司做生意，区域供应商可以服务特定的大区公司，而集团供应商则没有地域限制。从能力上而言，区域供应商强于一线供应商、集团供应商强于区域供应商，集团供应商可参与的项目最多。随着能力的提高、合作深度的推进、成功的历史绩效，供应商可以逐步提高级别，从而得到万科更多的业务。

一般合作关系就是指企业以价格为选择基准，不定期地更换供应商或者客户。这类供应商要么是新供应商，还没有完全证明

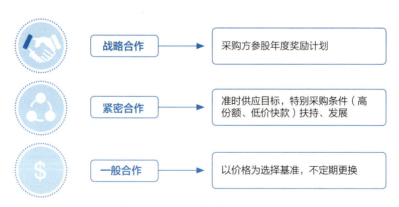

战略合作 → 采购方参股年度奖励计划

紧密合作 → 准时供应目标，特别采购条件（高份额、低价快款）扶持、发展

一般合作 → 以价格为选择基准，不定期更换

图5-6　B2B合作关系的三大层次

自己的价值，企业一般会试用观察一段时间；要么是一直未能加深合作但又未放弃的老供应商，它可能有价格、地理位置、服务等方面的优势，但不具备核心竞争力，一旦有更好的选择，就会被替换掉。而一般合作关系的客户就是合作份额不大、盈利水平也一般的客户，企业不会给它特别的优惠条件。

紧密合作关系的供应商或者客户是经过一定筛选和考验的合作伙伴。这类供应商是综合表现最好的供应商，在价格、质量、交货、服务等各方面都出类拔萃。但是由于没有难以替代的技术、产品或工艺，这类供应商很难成为战略供应商。管理的方式一般会以准时供应为目标，尽量提高协作的效率，降低交易成本。在采购条件方面企业会给予高份额、低价快款的特别条件，同时也会重点扶持和发展。而这个层次的客户是销售份额比较大的客户，能够给企业带来可观的盈利。在销售政策上，企业会给予一定的优惠条件，并且培养长期合作的关系。

战略合作伙伴关系是最高的合作层次，甚至会互相持股，把命运绑定在一起。战略供应商指那些能够决定企业生死存亡的供应商，因为他们有独特的技术、产品或工艺。他们可能是唯一供应商，也可能被替代，但替换成本高、风险大、周期长。例如对于车企，发动机、变速箱、底盘这些核心部件的供应商，就是战略供应商。不夸张地说，行业壁垒很大程度上取决于战略供应商，如果没有战略供应商，那这个行业的竞争就是一片红海，谁都能进来。同样道理，战略客户掌握着不可替代的销售渠道，占企业很大的销售份额。只要战略客户不出问题，企业就能够存活下来。

3 "猎人模式"与"牧人模式"

在汽车行业有两种供应商管理模式，一种模式是"猎人模式"。什么是"猎人模式"呢？说白了就是不断压榨供应商，把一家供应商榨干了，再换另一家来压榨。因为一些大企业的采购规模大，还是不断有供应商想进入这个体系。另外一种模式就是以丰田汽车公司为代表的"牧人模式"，即对供应商进行大量投入，带着供应商一起成长，有钱一起赚。因为供应商的体系能力变强了，采购成本反倒更低。

敏捷供应链提倡"牧人模式"，只有把供应商发展成我们的战略合作伙伴，他们才会把更多的资源和精力放在我们的产品和订单上，否则很难指望供应商能够真正融入我们的供应链。

第二次世界大战后，日本企业大面积崛起，其成功之道之一就在于企业之间长期稳固的协作关系，像丰田这样的大公司都与其供应商建立了一种独特的长期合作关系，形同一个大的企业集团。设在日本东京的库帕斯·里布兰德咨询公司的总裁熊耳道奇认为：这种以交叉持股或供应关系为纽带的长期稳固关系，使得日本企业的成本控制专家们坚信他们制定的成本目标一定能够实现。

可以说丰田汽车公司之所以一直保持着高收益，得益于其强大的供应链管理，也得益于其把供应商看成伙伴的关系，因为丰田汽车公司很清楚，只有供应商优良，丰田汽车公司才会有更好的发展。丰田汽车公司给予供应商业界最好的支付条件，在供应商经营遇到困难时提供支援团队免费到供应商处进行改善，这些都是丰田汽车公司常见的做法。丰田汽车公司还会定期组织供应商进行自主研究会，讨论改进工作流程和方法。丰田汽车公司组织一级供应商，一级供应商组织二级供应商，二级供应商组织三级供应商，通过这种形式构建起了强大的供应链体系。

值得留意的是，欧美的汽车企业在经历一轮又一轮的经营困境后，也开始在重构供应商关系，由原来的商业交易关系变成真正的合作伙伴关系。上海通用汽车前总经理丁磊曾经不止一次地强调，要"全方位学习日本的供应链模式"。一汽－大众在供应商协同开发、技术支持等方面也做得越来越完善，还会经常组织供应商进行产品、技术、管理等方面的培训。

供应商评价与激励

虽然战略供应商很大程度上由"先天"的不可替代性决定，但战略供应商不代表不需要管理，它们同样需要持续的绩效评价和激励企业要对所有供应商做定期的绩效评价，并且要把评价结果真正运用起来，起到激励的作用（图5-7）。当然，评价的目的不是奖优罚劣，而是促进整体绩效提升。供应商评价的作用是引导供应商实现绩效目标、提升供货能力和规范作业准则。

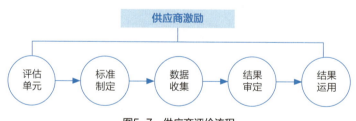

图5-7 供应商评价流程

1 评价单元确定

供应商绩效评价切忌只由采购一个部门来做，这样不但维度单一、信息不全，无法体现供应商的真实绩效，还会造成采购"只手遮天"的嫌疑。所以，一般供应商评价单元会由使用者（物料/服务使用部门）、采购者（采购人员）、决策者（采购批准人员）、看门人（采购维护人员）、影响者（相关技术人员）等角色构成，如图5-8所示。

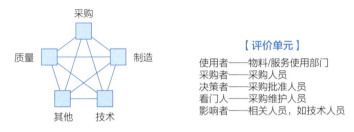

【评价单元】
使用者——物料/服务使用部门
采购者——采购人员
决策者——采购批准人员
看门人——采购维护人员
影响者——相关人员，如技术人员

图5-8　供应商绩效评价单元

制造部门一般是使用部门，对供应商绩效有切身感受，同时也有一手的绩效数据。质量部门会对物料到货质量和供应商的内部质量管理体系进行把关，确保产品质量不受影响。技术部门会从产品的角度评价供应商的技术水平，特别是新项目协同开发的能力，这是影响后续长期合作的重要因素。而采购部门主要考虑商务条件、供应商产能、供货能力和服务水平，全面统筹供应商绩效评价工作。

多部门组成的绩效评价小组，可以避免后续供应商出现问题时，各部门互相指责、扯皮。另外，评价部门不是打个分就完成工作了，而是要同时负责相关领域的供应商绩效促进工作。例如，质量部门需要通过日常检验、标准培训、外协辅导等方式不断提升供应商的质量管理能力。

2 评价标准制定

供应商评价一般会从质量、成本、交期、服务、技术、财务状况、售后市场等维度进行。首先，需要确定评价方法，比如选择数据统计+个别事件的方式。然后选择评价指标，就是前面说的维度，可以从中选择和定义。同一维度也可以定义不同的指标，比如质量维度，可以定义到货合格率、售后市场不良率、质量体系审核符合度等。服务水平也可以定义订单响应速度、问题解决程度等。企业需要根据实际情况和各部门意见进行选择和定义。另外，指标定义好之后，还要明确相应的数据统计渠道，由哪个部门以何种方式、何种频率来统计哪些数据，由哪个部门汇总、哪个部门审核等。

指标选定后，还要设计各指标的权重。在所有考核指标中，并非每一个指标的重要性都是一样的，也就是说，在相同达成度的情况下，不同指标对公司的效率和效益的贡献度是不一样的。权重的意义在于既要引导全员关注企业阶段性的重点目标，又要避免在某些目标上成果过多，而在实现别的目标上努力远远不够。企业要做到系统把握，分配平衡，突出重点，避免偏废。

每个指标还要制定相应的考核目标作为评价的基准，否则，供应商做到怎样水平才算好，什么样是不合格。最后，企业应把评价赋分的标准细化出来，什么样是5分，什么样是4分。有这些评价标准（图5-9），评价小组才能统一标准，相对客观地评价每个供应商。

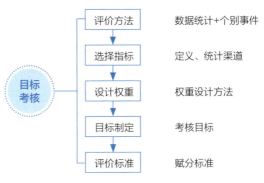

图5-9　评价标准制定

3　数据收集与评价

制定评价标准后，企业就要按照要求进行数据收集。数据有两类，一类是量化统计指标，如不良率、到货及时率等；另一类是个别事件统计，如重大质量不良事故、物料断供等。评价的分数应基于收集的数据表现，尽量避免主观评价。

现在大部分数据已经可以实现系统自动提取了，简单处理后即可成为考核依据。例如，每批到货的物料都会有入库数据，包括品种、数量、供应商、到货时间、质量状态等信息，每月、每周、每天都可以自动生成到货及时率、到货合格率等指标数据。

当然，有部分指标需要结合供应商个别事件来做评价，比如服务水平，但评价时不能只凭印象打分，而是需要列明相应的事件记录，这样才能做到客观、有据可查。

4 结果审定与运用

评价的数据汇总后，按标准评出各供应商的绩效结果，交相关部门领导审批后，成为当期公司对供应商的唯一正式评价结果。评价结果还要正式地公布、通报，甚至可以召开供应商大会，对绩效好的供应商进行表扬，对表现欠佳的供应商进行通报。

很多企业每年都有做供应商评价，但评价的结果只是存档起来了，根本没有应用。一方面，供应商评价的标准不完善，结果不能真实反映供应商绩效，另一方面，没有相应的供应商评价结果应用机制。业务部门抱怨供应商绩效差，但又拿不出数据来。采购部门说评价是做了，但很多供应商是关系户，动不了。这些情况非常普遍，归根结底还是供应商评价做得不够完善。老板难道不想用更好的供应商吗？就算是关系户，老板不想提高他们的绩效，一起赚钱吗？

绩效管理中有一句话：你衡量什么、考核什么，就会得到什么。例如，对于时间交付业绩，企业利用记录作为与供应商谈判的基础可以大大提高交付绩效。经验表明，一旦供应商意识到订单上的日期是可以实现的，而且只要无法交货就必须对此做出解释，而按时交付对未来的交易起着举足轻重的作用，那么按时交付率可达到94%。

不能实现的部分，还需要催交，这是供应商管理中比较耗精力的工作。但是，我们一定要将催交作为一项经过计划的、主动的任务，尽力确保延迟交付不会造成太多或太严重的问题。判断催交优先级别有三个维度：供应商状况、替代品情况和物料关键程度，如图5-10所示。结合这三个维度来综合考虑催交的优化级，把工作做在前头，尽量避免频繁"救火"的状况。

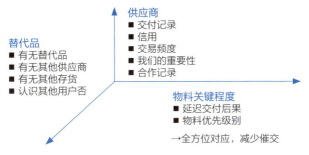

图5-10 判断催交优先级别的三个维度

供应商的评价机制可以分为三个级别。第一级别是日常的绩效考核，包括月度、季度、年度的指标评价，典型事件记录和关键绩效指标（KPI）。第二级别是综合评审，把质量改善、质量保证体系、技术服务能力等维度纳入评审，进行年度的ABC分级。第三级别是面向未来的供应商评级，结合综合评价、年度评级、年度评比等结果，进行年度激励和长期合作发展决策，如图5-11所示。

表5-1是某企业供应质量月度考核的参考案例，组织质量、生产、供应、仓储、财务等部门，从质量、交货期、价格和服务四个维度，配以一定权重，综合评价供应商的绩效，并且按照规

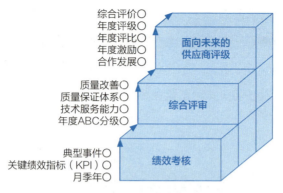

图5-11　供应商评价机制

表5-1　某企业供应质量月度考核

关键绩效指标	质量	交货期	价格	服务
权重	30%	20%	30%	20%
细化指标	IQC合格率、在线合格率各50%	■ 准时交货率 ■ 按批次	■ 低+主动 90~100分 ■ 高+主动或低+不主动 80~90分 ■ 高+不主动：60~70分	■ 及时周到 ■ 处理彻底 诚恳迅速 ■ A级：90~100分 B级：70~80分 C级：60~70分
部门	质量、生产	供应、仓储	财务	供应、质量 生产、仓储

注：A级：90~100分；B级：80~90分；C级：70~80分；D级：0~70分。

则，分出A、B、C、D四级。

根据月度考核的结果，采取降低供货比率、限期整改、罚款、重新评审等措施，见表5-2。

表5-2 月度考核处理机制

	A	B	C	D
两家以上供货	—	—	降低供货比率，限期整改、重新评审	暂停供货资格，限期整改、重新评审
	—	—	连续两个月及以上为C级或D级：取消供货资格	
	—	—	限期整改	限期整改
独家供货	—	—	连续两个月及以上为C级或D级：暂停供货资格，罚款2000元以上，限期整改、重新评审	

对于同种物料的供应商，可以根据绩效排名，重新分配业务量见表5-3。

表5-3 供应商月度业务量重新分配标准

供应商数量	订货比率与调整	排名			
		1	2	3	4
2家	订货比率	70%	30%	—	—
	月度评价调整	+10%	-10%	—	—
3家	订货比率	50%	30%	20%	—
	月度评价调整	+15%	-5%	-10%	—
4家	订货比率	40%	30%	15%	15%
	月度评价调整	+15%	不变	-5%	-10%

与供应商共赢的价值工程（VE）项目推进

前面章节已经讲过价值工程（VE），本章主要介绍与供应商共同推进价值工程（VE）项目的案例。在企业内部开展价值工程（VE）的潜力是有限的，但是我们通过发挥主机厂相对完善的管理机制、丰富的技术工艺优化经验，帮助供应商一起开展价值工程（VE）项目，这样可以达到双赢的目的。

曾在一家钢铁公司工作20年的熊耳道奇记得，当时丰田汽车公司经常召集其供应商开会，要求这些企业每日提出2～3项降低原材料或零部件成本的建议，这已成为丰田汽车公司目标成本管理的一个重要组成部分。当然，丰田汽车公司不只给供应商降本的压力，还不遗余力地帮供应商开展改善工作。

1 价值工程（VE）项目推进体系案例

下面介绍一套价值工程（VE）项目推进体系的案例。

第一步，企业先建立价值工程（VE）推进组织，由总经理担任推进委员会主任，负责对重点项目进行判断。推进办公室由主管副总经理和采购经理担任主任和副主任，负责项目可行性确认。推进管理组由采购部门担任责任者，由技术、销售、质量部门参与；评价试验推进组由技术部门担任责任者，由制造、质量、采购部门参与；量产推进组由销售部门担任责任者，由技术、质量、采购部门参与，如图5-12所示。

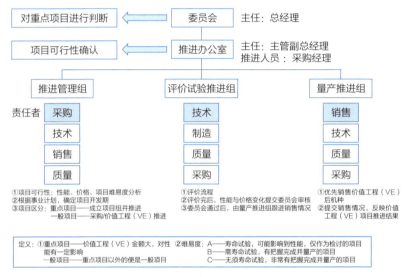

图5-12　价值工程（VE）项目推进组织表

　　第二步，企业需要制定价值工程（VE）项目推进大流程，包括项目提出、可行性确认、项目推进、项目最终评价、工艺审查、小批量使用、批量生产等子流程，明确相关部门、开展形式、内容和后续工作，如图5-13所示。

　　第三步，企业需要制定价值工程零部件的开发流程，包括新项目提出、可行性通过、试作图发行、初试样品提供、样品

流程	相关部门	形式	内容	后续工作
项目提出	工厂各部门	提交合理化提案	提出部门填写改善方案	可行性确认
可行性确认	推进办公室提案部门	会议检讨（召集负责：办公室）	1. 项目的实施可能性 2. 价值工程（VE）价格预测、效果金额 3. 项目推进日程及试验方案 4. 确定推进组成员	1. 结果反馈提案者 2. 通过可行性确认的项目进行推进工作
项目推进	评价试验推进组	根据推进日程进行目标管理	1. 寿命试验设备的安排 2. 试验组合、试验顺序的安排	1. 试验结果合格，进行评价 2. 试验结果不合格，进行紧急应对
项目最终评价	技术部	设计检讨、评价、审查会议		
工艺审查	采购部、质量部、制造部	供应商现场审查	制造部进行量产性评价	小批量使用
小批量使用	计划部、采购部、质量部	小批量生产通达书	制造部进行量产性评价	量产性能结果及时通知相关部门
批量生产	计划部、销售部		销售部价值工程（VE）机种销售	

图5-13　VE推进大流程

检查、试验评价、最终试样品提供、技术部审查、工艺审查和理产试验等环节，如图5-14所示。明确供应商、采购、质量、技术、制造等部门在各环节的职责。

第四步，企业应列明价值工程零部件评价项目概要，包括需要推进的零部件名称、项目、所需时间、内容和评价周期等，见表5-4。

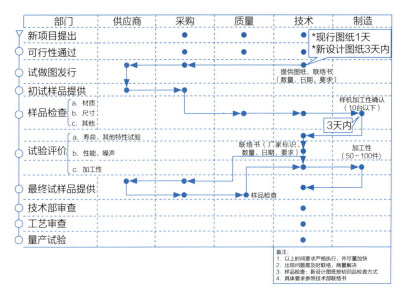

图5-14 价值工程(VE)零部件开发流程

表5-4 价值工程(VE)零部件评价项目概要

零部件	评价项目	所需时间	内容	评价周期（日）
铸件	1			
	2			
	3			
	4			
	5			
	6			
	7			
冲压件	1			
	2			
	3			
	4			

零部件	评价项目	所需时间	内容	评价周期（日）
冲压件	5			
	6			
	7			
安全零件	1			
	2			
	3			
	4			
	5			
	6			
	7			
橡胶零件	1			
	2			
	3			
	4			
	5			
	6			
	7			

第五步，企业需要设计价值工程（VE）项目提案表，说明合理化的要点，做出改善前与改善后的对比，见表5-5。

第六步，设计价值工程（VE）活动的激励方案，制定奖励评定方法，设置不同等级的奖励金额，见表5-6。这是至关重要的一步，没有合理的激励方案，很难激发全员的改善热情。

表5-5 价值工程（VE）项目提案表

部门		确认		提案人		日期	
零件名		编号		型号			
提案人联系电话							
合理化要点							

	产品规格	详细内容
合理化前		
改善案		

表5-6 价值工程（VE）活动激励方案

目　的	激励公司各部门踊跃参与价值工程活动，共同降低材料成本
责 任 者	推进办公室
奖金发放时间	每月公司综合早会
奖励类别	1. 项目采纳奖 2. 项目实施效果金额奖 3. 部门项目数量奖
奖励基准	1. 提案内容经可行性确认后，作为奖励依据 2. 受奖励提案需经总经理、财务部确认

奖励对象	1. 项目采纳奖：提案人 2. 项目实施效果金额奖：负责推进人员（奖金提案人占50%，剩余部分由负责推进人员平分） 3. 部门项目数量奖：获奖部门
奖励评定方法	1. 项目采纳奖：提案被可行性确认后，即可在被确认的当月获得奖励 2. 项目实施效果金额奖：提案的项目实施后，根据效果金额进行综合评价分级，给予相应的奖励 3. 部门项目数量奖：根据每月各部门确认的提案数量，对该部门进行相应的奖励
奖励金额	1. 项目采纳奖： 每一个被确认的提案的奖励金额为100元 2. 项目实施效果金额奖 2. 项目实施效果金额奖表格

2. 项目实施效果金额奖

级别	金奖	银奖	铜奖
金额	2000	1000	500
评比依据	综合评价一级	综合评价二级	综合评价三级
评比时间	每季度一次		
奖项数量	根据项目综合评价实际情况，可有空缺		

3. 部门项目数量奖

级别	金奖	银奖	铜奖
金额	1000	600	300
评比依据	被采纳数量排第一	被采纳数量排第二	被采纳数量排第三
评比时间	每季度一次		
奖项数量	1个	1个	1个

第七步，设计价值工程（VE）项目统计表，对各项目进行汇总统计，包括基准价格与价值工程（VE）项目实施后价格对比的效果说明，并且记录实施日期，见表5-7。

表5-7　价值工程（VE）项目统计表

序号	项目	编号	内容	效果				实施日期
				基准价格	VE后单价	降本金	降本比	
1								
2								

续表

序号	项目	编号	内容	效果				实施日期
				基准价格	VE后单价	降本金	降本比	
3								
4								
5								
6								
7								
8								
9								
10								
	合计							

第八步，制订价值工程（VE）项目推进计划，对推进项目进行细化的过程跟踪管理，保证各项目的推进进度和效果，如图5-15。

批准	价值工程（VE）项目推进计划表	检印	检印	制表

作成日：

部品名	编号	机种	现状	改善案	效果金额							分类	计划实施日期
					现价格	目标	降本金	降本比	实际	降本金	降本比		

推进计划														推进实绩	
推进项目	推进人员	1	2	3	4	5	6	7	8	9	10	11	12	日期	内容

图5-15　价值工程（VE）项目推进计划

2 供应商价值工程（VE）项目案例

A公司是一家外资汽车内饰供应商，其主要客户W的某平台车型渐渐打开市场，呈上升趋势。同时，国内另一个客户T的新项目对该平台也有需求，2015年整体需求量可达42018套，达到可以做冲压产品连续模的临界点。

但是连续模的价格是单冲模的3~5倍，并且有部分零件或部分成形工艺不适合连续模。另外，采购既要保证W客户新项目量产的时间节点，又要考虑做模具优化进行降本的时间进度，供应商对于新模具需要提交新的生产件批准程序（PPAP）文件。

为此，采购人员组织供应商介入早期工程设计，与技术、工艺、制造、质量等部门充分讨论制造的可行性，降低风险，落实节省方案。结合成本和工艺，最后模具优化的方案采取了部分零件复合模具（连续落料+单冲成形），部分小且简单零件全连续，实现年度降本10%。

供应商也在过程中提升了模具设计和制造能力，并稳固了与A公司的合作关系。在后续的几个项目中，这家供应商积极配合前期协同开发工作，把降本工作做在最开始的设计阶段，双方都取得了很好的收益。

3 价值工程（VE）是采购降本的唯一出路

企业降成本的压力越来越大，而降成本最直接、效益最显著的是采购降本。因为采购环节节省的是硬钱，即节省1元采购成本，利润就直接增加1元。一般企业的采购成本占产品成本的50%～70%，而纯利润一般在5%～10%，采购环节每节约1%，企业利润将增加5%～10%。所以，企业降成本的压力很大程度上落在了采购降本身上，降低采购成本是三大采购职能之一，如图5-16所示。

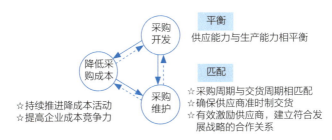

企业第一利润源泉

【原材料成本】是企业的第一大利润源泉，降低采购成本是采购部门的最重要职责之一

图5-16　降低采购成本是采购三大职能之一

但是，经过多年的供应商价格谈判，采购价格几乎是到了所谓的"地板价"了，供应商实在是没有多少降本空间了。而很多企业也尝试了引入新供应商以达到降成本的目的。但是能更换的都是非核心物料，采购额占比本来就不大，而且由于行业竞争充分，价格已经很透明了。真正占大头的核心物料是很难更换供应商的，要么是客户指定的，要么更换风险太大。所以，采购降本变得越来越寸步难行，靠价格谈判和更新供应商来达到降本目标的空间越来越小了。只有通过与供应商共同推进价值工程（VE）项目，共享合作降本的成果，才能真正降低采购成本。

下面分享一个改编的客户案例：

A公司是一家汽车发动机制造商，年生产发动机约为70万台。由于激烈的市场竞争，公司对供应商的付款期基本维持在4个月左右。B公司是一家发动机连杆的专业制造商，公司年产量约为220万条，并为福特、吉利、比亚迪、玉柴、潍柴等14家主要客户长期配套发动机连杆，其中A也是B的客户之一。供应A公司的连杆目前平均售价为82元/条，按产量计算，A公司的采购量排在倒数第4位，但利润率排名第3。

A公司的采购经理受命与B公司的销售经理洽谈下半年发动机连杆降价问题，要求降到76元/条。B公司认为自己已经连续几年降价，生产成本却连年上涨，并且上一年度刚为A的产品投入了新的设备，利润率不断下降，另外A公司的销售预测准确性低，库存水平居高不下，只能接受均价降到80元/条，后续根据A公司的装机量逐步降到78元/条。

面对市场竞争的压力，双方的价格谈判一度陷入僵局，互不相让。最后，A公司提出，愿意利用其在管理和技术方面的相对优势，帮助B公司优化产品制造工艺，降低制造成本。另外，A公司承诺改善产品销售预测准确度，打通双方的信息系统，帮B公司减轻库存压力。对于A公司的提议，B公司认为A公司可以帮其提高成本竞争力，并开始在价格方面松口。最后，双方签订了一系列帮扶协议，在采购价格方面达成了一致。

这个案例有一定的代表性，很多供需双方的价格谈判都陷入了类似的困境。零和博弈的游戏双方都厌倦了。未来，只有推进共赢的价值工程（VE）项目，才是真正可行的采购降本路径。

　　笔者服务过的很多企业老板、干部，在听到敏捷式供应或者敏捷供应链时，这些老板、干部都觉得离自己的企业很远。因为很多传统企业的供应链管理还相对粗放，信息化程度也不高，所以有这种想法也不奇怪。但是，VUCA时代已经来临，客户的需求变得越来越多样化、个性化，企业要么选择退出市场，要么适应这种新的需求特点。

　　由于行业还没有完全洗牌，使得规模较大的企业暂时还能存活下来，但代价和风险是巨大的。因为供应链管理模式没有升级，只能多备库存来应对多样化、交期短的需求。高位运行的库存水平，使得企业资金成本和经营风险很大，虽然账面上还能勉强盈利，但老板个个都心惊胆战，纷纷犹豫是否退出市场。

　　有远见、有实力的企业认识到问题所在，会致力于升级转型，如引入外部咨询机构完善管理体系、导入较先进的信息系统等，让企业变得更加敏捷，能够以较小的成本应对新的市场需求。这种敏捷化转型很痛苦，但这是在行业里生存下去的唯一办法，否则只有等着被市场淘汰。

其实，敏捷式供应并没有大家想象中那么"高大上"，它还是以精益生产和供应链管理为基础，加入了敏捷式运作的时代新要求，使企业能够更好地适应多样化、个性化的市场需求。很多企业其实也在努力适应新的局面，只不过在惯性思维和短期利益面前，很难坚定地走下去。

希望通过本书的观点和案例分享，能够坚定企业敏捷转型的决心，以全新的姿态拥抱市场新变化。零牌顾问机构一直在践行"智力兴企、产业报国"的使命，与致力于提升自身竞争力的企业共勉前行！